Bill Schul
PSI bei Tieren

Bill Schul

PSI
BEI TIEREN

Aus dem Amerikanischen von
Dr. Edith Zorn

Aquamarin Verlag

Titel der amerikanischen Originalausgabe:
The Psychic Power of Animals
© 1977 Bill Schul
Published in agreement with the author,
c/o BAROR INTERNATIONAL, Inc.,
Amork, New York, USA

Deutsche Ausgabe:
1. Auflage 2012
© Aquamarin Verlag GmbH
Voglherd 1
85567 Grafing
www.aquamarin-verlag.de

Übersetzung aus dem Amerikanischen: Dr. Edith Zorn
Umschlaggestaltung: Annette Wagner
unter Verwendung von ©grafikwork (84500389) – Shutterstock.com

Druck: Bercker • Kevelaer

ISBN 978-3-89427-597-6

Inhalt

Vorwort

Für Menschen, die sich an Tieren weder zu erfreuen noch sie zu bestaunen vermögen, habe ich stets ein gewisses Bedauern empfunden.

Jemand, der niemals die schiere Lebensfreude eines Welpen teilte, die Schwalben im Frühling bei ihrem Nestbau beobachtete, einem neugeborenen Fohlen bei seinen ersten, unsicheren Schritten half, den würdevollen Flug kanadischer Gänse bewunderte, fernab menschlicher Betriebsamkeit allein unter freiem Himmel schlief und dem nächtlichen Dasein der Tiere lauschte oder die Anhänglichkeit und treue Liebe eines Haustieres spürte und weinte, wenn ein langjähriger Kamerad und Freund ihn verließ, ein solcher Mensch hat einen wesentlichen Aspekt dieser Welt versäumt.

Das vorliegende Buch wird jene, die ihr Leben mit einem pelzigen, gefiederten oder beschuppten Mitbewohner dieses Planeten teilen, darin bestärken, dass Tiere wunderbare Lehrer sein können. Andererseits mögen diese Seiten denjenigen, denen eine solche Erfahrung bislang verwehrt blieb, den Weg zu neuen Abenteuern weisen.

Es gibt unzählige Geschichten über die Loyalität und Liebe von Tieren. Erstaunt beobachten wir, dass sie mitunter über Eigenschaften verfügen, an denen es den Menschen oft mangelt. Der Mensch hat sich zu hohen Geistesebenen emporgeschwungen und großartige Leistungen vollbracht. Obwohl er die höchsten Berge zu erklimmen vermag, verliert er sich dennoch im Dunkel der Verzweiflung. Betrachtet man das menschliche Dasein auf diesem Planeten, mag man annehmen, dass nur er die Fähigkeit besitzt, das Leben als solches zu begreifen. Das Tier hingegen plagen weder Zweifel noch komplizierte Fragestellungen. Es gleicht einem liebevollen, vertrauenden, unschuldigen Naturkind, dessen Verhaltensweise wir in bestimmten Situationen vorauszusagen glauben.

Eines Tages werden wir erkennen müssen, dass unser Naturkind sehr viel mehr von der Welt, in der wir leben, wahrnimmt. Im Gegensatz zum Menschen, verharrt das Tier nicht in einer allein durch die fünf Sinne bestimmten Welt. Es zeigt sich empfänglicher für übersinnliche Phänomene, Erscheinungen und Geister, vermag auf weit entfernte Ereignisse hinzuweisen und Katastrophen, Tragödien sowie naturgegebenes und durch den Menschen verursachtes Unheil vorauszusehen. Es kann auf ein meilenweit entferntes Ziel zusteuern, ohne den Weg zu kennen.

Wir gehen stets davon aus, dass es sich bei den Tieren, im Gegensatz zum Menschen, um einfache Kreaturen handelt. Wenn dies zutrifft, wie erklärt es sich dann, dass der eine Hund eine Katze tötet, während der andere sich bemüht, ein Katzenleben zu retten? Warum suchen manche Tiere monate- oder jahrelang nach ihrem verlorenen Herrn, während sich andere nicht um ihren Besitzer kümmern, obgleich er sie versorgt? Wie erklärt es sich, dass das eine Tier den Tod seines Herrchen, der in einem fernen Land weilt, wahrnimmt, während ein anderer nicht bemerkt, wenn sein Besitzer im Nachbarzimmer stirbt? Man fragt sich, warum ein Schäferhund durch die ganze Stadt jagt, um seine Herrin vor drohendem Unheil zu bewahren, während ein anderer Schäferhund nicht einmal die Gefahr in unmittelbarer Nähe wahrnimmt?

Derartige Beispiele ließen sich beliebig fortsetzen. Möglicherweise unterscheiden sich Tiere, selbst Hunde derselben Rasse, ebenso stark voneinander wie dies bei den Menschen der Fall ist.

Wer behauptet, Hunde zu verstehen, möge die Fähigkeit von Missie, dem hellsichtigen Boston-Terrier, erklären oder des Bassets, der Kaninchen beschützt, oder die jener Hunde, die nach ihrem Tode zurückkehren, um ihren ehemaligen Herrn vor Gefahr zu warnen. Da sind Dox, der nicht nur Verbrecher jagte, sondern außerdem Beweisstücke sammelte, und Duke, mit seiner politischen Begabung, oder Chips, der sein Leben aufs Spiel setzte, um seine Kumpanen aus einem Maschinengewehrfeuer zu retten. Strongheart, der Meditation lehrte, oder der Phantomhund, der einen Fremden vor einem Anschlag bewahrte, oder Mr. Lucky und Blitz, die die Menschensprache beherrschten, sowie die vielen Tiere, die sich in irgendeiner Weise anders als erwartet verhielten.

Jenen, die alles über Katzen zu wissen glauben, wird es schwerfallen, eine Erklärung für Timothys Reue über seine Missetaten zu finden, oder warum Gypsy den Unterschied zwischen Normal- und Sommerzeit verstand, oder für Katzen, die den Tod voraussagen, oder Willi, der genau wusste, wann Lotto gespielt wurde, oder die Katze, die sich nur bei der Donnerstagsauktion blicken ließ. Wie erklärt es sich, dass es Katzen gab, die aufgrund ihrer Voraussicht während der deutschen Bombenangriffe auf London unzählige Menschen vor dem Tod bewahrten? Wie verhält es sich mit den Katzen, die sich telepathisch mitteilen, oder jener Katze, dem Katzengeist von Congleton, die auf dem Grab ihres Herrn verweilte?

Viele erfahrene Pferdezüchter und Pferdetrainer mögen sich fragen, warum die wildesten und eigensinnigsten Stuten John Solomon Rorey unverzüglich gehorchten, und nach Erklärungen für die sprechenden Pferde von Elberfeld suchen, oder für die telepathische Fähigkeit von Lady Wonder, für den Pferdegeist der weißen Berge, die Phantompferde von Colorado, jene Pferde, die sich ihrer Ausweisung widersetzten, oder für die Feinfühligkeit eines Pferdes, das eine Gruppe von kranken Menschen vor dem Erfrierungstod rettete.

Wie lässt es sich verstehen, warum ein Kanarienvogel stirbt, damit seine Herrin leben kann, oder eine Gruppe von Bibern sich um einen Jungen schart, der sich verirrte, um ihn vor dem Erfrieren zu bewahren? Warum kümmert sich der Pavian um seinen verkrüppelten Herrn und arbeitet für ihn? Warum wohnen die Bienen dem Begräbnis ihres Besitzers bei? Wie verhält es sich mit den Bären, die sich auf Heilkräuter verstehen, oder den Krabben, die meilenweit vom Ozean entfernt die Gezeiten spüren, oder den seltsamen Formationen des Schwanenflugs, der einem Requiem für den sterbenden Herrn gleicht, den sprechenden Raben oder der Himmelsorientierung der Zugvögel? Angesichts der nahezu genialen Fähigkeiten der Delphine, den Intellektuellen des Meeres, die ein weitaus komplexeres und größeres Gehirn als der Mensch besitzen, beginnt der Thron zu wackeln, auf den sich der Mensch erhebt und seine Überlegenheit verkündet.

Ein alter Wüsteneremit empfahl, den Hund selbst zu befragen, um ihn zu verstehen. Menschen können über Tiere nur Meinungen äußern, keine Antworten geben.

Im Folgenden werden wir von Tieren, Indianern, Wissenschaftlern, Naturforschern, Psychologen, Trainern und Tierliebhabern überall auf der Welt hören. Es werden Geschichten erzählt, Fälle zitiert, von Experimenten berichtet und Theorien aufgestellt.

Ich hoffe, mit diesem Buch meine Bewunderung für die vielen großen und kleinen Kreaturen und meine Ehrfurcht vor ihnen teilen zu können. Je besser man einen dieser Mitbewohner versteht, desto besser versteht man sich selbst.

1

Neue Strukturen des Bewusstseins

Er wurde angewiesen, ihn wie ein intelligentes menschliches Wesen zu behandeln, ihm niemals etwas zu sagen, das nicht aus dem Herzen kam und ihm täglich etwas Sinnvolles vorzulesen.

Eine seltsame Anweisung für jemanden, der sich um einen Hund kümmern sollte, dachte der Schriftsteller und Produzent J. Allen Boone. Es handelte sich natürlich nicht um irgendeinen Hund, sondern um den Schäferhund Strongheart, den internationalen Champion und eine berühmte Filmpersönlichkeit. Boone ahnte nicht, was ihn sein vierbeiniger Begleiter lehren würde.

Kurz nach Stronghearts Ankunft in Boones Haus gab es einen Konflikt bezüglich des unterschiedlichen Lebensstils. Boone beschwerte sich bei dem Hund. Dieser hörte aufmerksam zu und erläuterte mittels Gesten die Gründe seiner Verhaltensweise.

In seinem Buch *Kinship with All Life* erklärte Boone: „Ich hatte in meiner Sprache zu Strongheart gesprochen, einer Sprache der Gedanken und Gefühle, übermittelt durch menschliche Sprachsymbolik. Der Hund besaß die Fähigkeit, das Gesagte sofort aufzunehmen und zu verstehen. Er antwortete mir in seiner Sprache, einer Sprache, die aus einfachen Lauten und Gesten bestand und von der er offensichtlich annahm, dass ich ihr ohne große Schwierigkeit zu folgen vermochte. Strongheart hatte mich genau verstanden und mir mittels seines Scharfsinns ermöglicht, ihn ebenfalls zu verstehen.

Zum ersten Mal wurde mir bewusst, dass ich mich mit einem Tier unterhalten konnte. Dank der geduldigen Unterstützung des Hundes gelang es uns, miteinander zu kommunizieren, unsere Meinungen auszutauschen und somit Schwierigkeiten aus dem Wege zu räumen, die unsere Beziehung beeinträchtigt hätten. Seine angeborene Weisheit übertraf meine intellektuelle Argumentation in allen Punkten. Ich musste erkennen, wie wenig ich über die mentalen Fähigkeiten eines Hundes und seine Möglichkeit, diese Fähigkeiten konkret zum Ausdruck zu bringen, wusste.

Es war mir vergönnt, ein Tier zu beobachten, das aus eigenem Antrieb handelte, sein unabhängiges Denken zum Ausdruck brachte, logisch dachte, richtig urteilte und seine weise Voraussicht, seine Klugheit und seinen gesunden Menschenverstand bewies. Man hatte mich gelehrt, dass diese Eigenschaften fast ausschließlich den Menschen vorbehalten seien oder zumindest den „gebildeten Mitgliedern" unserer Spezies. Und hier war ein Hund, der sie alle übertraf!"

Jeder Tierliebhaber weiß über die ungewöhnlichen Mentalkräfte von Hunden und Katzen und vieler anderer großer und kleiner Tiere zu berichten. Die meisten kennen zumindest eine Geschichte über unerklärliche übersinnliche Kräfte von Tieren. Solche Erzählungen faszinieren jung und alt. Warum? Der Erzählende glaubt an seine Geschichte, und der Zuhörer hat kaum Gründe, sie zu bezweifeln. Hinzu kommt, dass die romantische Ader in uns es verbietet, solche abenteuerlichen Geschichten einer wissenschaftlichen Prüfung zu unterziehen. Vielleicht lieben wir das Geheimnisvolle und empfinden das Unbekannte anziehender als eine auf Formeln reduzierte Welt.

Aber die Fragen bleiben. Obwohl das Unbekannte unterhaltend wirkt, sucht der menschliche Verstand nach Erklärungen.

Was geschieht, wenn man in den Kopf eines Tieres hineinblickt und sein Gehirn analysiert? Lassen sich menschliche und tierische Intelligenz sinnvoll miteinander vergleichen? Zur Bestimmung des menschlichen Intelligenzgrades wird eine Reihe von Fähigkeiten herangezogen. Da unterschiedliche Intelligenzprüfungen unterschiedliche Fähigkeiten messen, kann man die Tests nicht miteinander vergleichen. Aufgrund dieser Problematik lassen sich auf den Menschen anwendbare Intelligenztests nicht unmittelbar auf Tiere übertragen. Hinzu kommt, dass verschiedene Tiere unter verschiedenen Gegebenheiten leben und daher unterschiedliche Fähigkeiten besitzen.

In ihrem Buch *The Strange World of Animals and Pets* haben Vincent und Margaret Gaddis auf diesen Punkt hingewiesen: „Viele Wildtiere werden in Gefangenschaft zu pathetischen Neurotikern. Der Zoo beraubt sie ihres natürlichen Umfeldes, das sie für eine normale Verhaltensweise benötigen. Auf Monotonie und Frustration reagieren sie häufig mit Gewalt. Manche Tiere leiden unter Depressionen, sexueller Besessenheit oder Hemmung und krankhaften Empfindungen, was zu psychischen Schäden oder sogar zum Tod der Tiere führen kann.

Wildtiere nach ihrer Gefangennahme auf ihre Intelligenz zu prüfen, wenn ihr Verhaltensmuster zerstört, ihr Geist schwerfällig ist und ihre Sinne abgestumpft sind, ist geradezu lächerlich. Nur in ihrer gewohnten Umgebung strahlt ihre naturgegebene Intelligenz auf.“

Die Autoren zitieren Ralph Helfer, einen Tiertrainer aus Hollywood, der behauptet, es sei falsch, anzunehmen, dass Tiere in der gleichen Weise wie Menschen denken. „Die Leute begehen den Fehler, die Intelligenz der Tiere an ihrer eigenen zu messen. In einem Tiger steckt eine hervorragende Intelligenz, die sich von unserer Denkweise völlig unterscheidet.“

In oben genanntem Buch heißt es weiter: „Wissenschaftler ver-

13

suchen die Intelligenz eines Tieres unter Einsatz von Labyrinthen oder ineinander verkanteter Schachteln zu erforschen. Die Testtiere sollen das richtige Symbol anstoßen und zur Belohnung Futter erhalten. Solche und ähnliche Methoden sind unbefriedigend und messen im höchsten Fall den Intelligenzgrad und die Reaktionszeit eines einzelnen Testtieres. Nicht nur die verschiedenen Spezies weisen Unterschiede auf, sondern auch die einzelnen Tiere ein und derselben Art können sich gewaltig voneinander unterscheiden. Es gibt kluge und es gibt dumme Katzen. Aus diesem Grunde können sich Zoologen nicht auf eine bestimmte Intelligenzskala einigen."

Je höher der Intelligenzgrad eines Tieres, desto weniger wird es von seinen Instinkten geleitet und desto mehr muss es von seinen Eltern lernen. Es muss weitgehend darauf vorbereitet werden, Probleme eigenständig zu lösen. Höher entwickelte Tiere bedürfen einer beachtlichen Zeitspanne, um zu lernen und zu reifen. Man hat vermutet, dass der Mensch die längste Reifungsperiode benötigt, um seine geistigen Fähigkeiten zu entwickeln. Der Elefant scheint einen ähnlich langen Zeitraum zu beanspruchen. Gezähmten Elefanten gesteht man erst mit zwanzig Jahren die nötige Reife zu, um arbeiten zu können. Manche glauben, der Pottwal benötige eine noch längere Reifungsperiode.

In ihrem Buch *Smarter Than Man?* definieren die beiden schwedischen Autoren Karl-Erich Fichtelius und Sverre Sjolander den Begriff *Intelligenz* folgendermaßen: „...die Fähigkeit zu differenzieren, zu kombinieren und zu verallgemeinern, zu analysieren und zu assoziieren, Kontinuität wahrzunehmen und den Zusammenhang von Ursache und Wirkung zu verstehen, sich die Folgen gewollter Handlungen vorstellen zu können, die Mittel für ein gewünschtes Ziel zu erwägen und zu finden."

Als Beispiel führen die beiden Forscher den Bericht des bekannten dänischen Ethnologen Holger Poulsen an. Zwei Delphine spielten mit einem Aal, der ihnen immer wieder in ein Loch im Boden entschlüpfte. Einer der Delphine schnappte einen kleinen Fisch mit einem Giftstachel, nahm ihn vorsichtig ins Maul und stopfte ihn in das Loch, in dem sich der Aal versteckte. Dieser floh augenblicklich, und das Spiel begann erneut.

Fichtelius und Sjolander erklären: „Delphine lernen mitunter durch Beobachtung. Bei Vorführungen kann es passieren, dass ein Delphin aus irgendeinem Grunde ein Kunststück nicht schafft. Mehrmals wurde berichtet, dass ein völlig untrainierter Delphin einsprang und das Kunststück einwandfrei zustande brachte. Lernen durch Beobachtung wurde bislang nur bei Menschen und Affen beobachtet.

J. H. Williams erzählt in *Elephant* von einem Elefanten, dessen Arbeit darin bestand, riesige Blöcke sehr hoch zu heben. Das Tier musste sie mit dem Rüssel in einem bestimmten Winkel halten. Manche hatten sich dabei so verschoben, dass sie für den Treiber äußerst gefährlich werden konnten, wären sie aus dieser Höhe herabgestürzt. Ohne irgendeine Anweisung legte der Elefant den Block, den er gerade hielt, nieder, ergriff einen naheliegenden schweren Baumstamm und klemmte ihn waagerecht zwischen Rüssel und Stoßzahn. Auf diese Weise diente er als Schutz für den Treiber, wenn der Elefant den Block hochhob.

In einem anderen Fall verstopften zwei junge Elefanten die Glocke, die um ihren Hals hing, mit Kot. Da sie nicht mehr läuteten, konnten die beiden nachts in aller Ruhe Bananen stehlen. Sie plünderten ganze Bananenplantagen, ohne dass es auffiel.

Die Intelligenz der Delphine oder Elefanten lässt sich nur schwierig bestimmen, da wir noch nicht wissen, welche Aufgabe ihr großes Gehirn zu erfüllen hat. Offensichtlich halten diese Tiere es für nützlich, denn es dient Zwecken, die sich unserem Verständnis entziehen. Der Mensch scheint das klügste Tier zu sein, glaubt man den Intelligenztests, was andererseits bezweifelt werden mag, betrachtet man unsere Anpassungsfähigkeit im Hinblick auf eine Veränderung unseres Umfeldes. Ehe wir voreilige Schlüsse ziehen, müssen wir noch eine Menge über das Gehirn lernen.

Zahlreiche Wissenschaftler vermuten, dass Gehirn und Geist nicht gleichbedeutend sind. In diesem Punkt stimmen sie mit den Mystikern überein, die seit jeher behaupten, dass das physische Gehirn nicht Sitz des Geistes sein kann, sondern nur als dessen Werkzeug dient. Der Geist kann auch ohne Gehirn existieren. Er schafft und benutzt das Gehirn, um in einem physischen Körper wirken zu können. Falls dies zutrifft, wird es unmöglich sein, das Wesen, den Ursprung und den Grad der Intelligenz über das Gehirn bestimmen zu wollen. Richtig verstanden, wird uns die Vielschichtigkeit des Gehirns andererseits erkennen lassen, wie dieses Zentrum einen zu zahlreichen Aktivitäten fähigen Körper zu steuern versteht.

Bewusstsein darf demnach nicht als ein Produkt von Körper, Nervensystem und Gehirn verstanden werden, sondern umgekehrt. Ein bestimmtes Bewusstsein bringt sich in einem bestimmten Körper, einem spezifischen Nervensystem und Gehirn zum Ausdruck. Man kann demnach davon ausgehen, dass ein einzelnes Körpersystem einem bestimmten Bewusstsein entspricht. Dieses Bewusstsein lässt sich aber nur dann an einem Körpersystem erforschen, wenn alle seine Ausdrucksformen bekannt sind. Da wir unser eigenes Bewusstsein bislang kaum ausgelotet haben, versteht es sich, dass wir ein anderes Bewusstsein noch weniger begreifen.

Es gibt Anzeichen dafür, dass gewisse Bewusstseinsteile, ungeachtet von Form, Raum und Zeit, mit dem gesamten Universum in Verbindung stehen. Will man das Rätsel um die Natur des Menschen und der übrigen Tiere auf diesem Planeten lösen, sollte man sich weniger auf Grenzen ziehende Vermutungen stützen als darauf, das Bewusstsein als ein Ganzes zu verstehen, in dem sich alle Lebensformen bewegen und existieren.

In seinem Buch *Supernature* schreibt der Biologe Lyall Watson: „Es gibt nur ein einziges Leben auf dieser Erde, das jedes Tier und jede Pflanze dieses Planeten umhüllt. Die Zeit hat es in Millionen von Teilen zersplittert, aber jedes Teil bleibt ein Teil des Ganzen. Eine Rose ist eine Rose, aber auch ein Rotkehlchen und ein Hase. Wir sind alle aus einem Fleisch und stammen aus demselben Tiegel. Das ist das Geheimnis des Lebens. Es besteht nicht nur eine fortlaufende Kommunikation zwischen den Lebewesen und ihrem Umfeld, sondern auch zwischen allen Lebewesen in dieser Umgebung. Ein dichtes Netz gegenseitiger Abhängigkeit vereinigt alles Leben zu einem großen, sich selbst erhaltenden System. Jedes Teil steht in Beziehung zu allen anderen Teilen. Wir sind alle Teil eines großen Ganzen."

Wie anders ließe sich die enge Verbindung zwischen einem Menschen und seinem Hund erklären, der trotz seines Überlebensinstinktes sein eigenes Leben aufs Spiel setzt, um das seines Herrn zu retten? Auf welche Wellenlänge hatte sich Bobbie eingeschwungen, die sie ihre meilenweit entfernte Familie in der Fremde finden ließ?

Vincent und Margret Gaddis geben eine Geschichte wieder, die ihnen der Naturforscher Alan Devoe über einen Mann namens Phil Traband erzählte. Letzterer streifte in den Wäldern umher, als er eines Tages hinter sich ein Geräusch hörte. Er drehte sich um. Ein Luchs kam auf ihn zu. Gewöhnlich wird dieses Tier als niederträchtig und gefährlich angesehen. Traband blieb stehen und wartete. „Als die große Wildkatze näher kam, konnte er in ihren Augen den unmissverständlichen Blick einer verwandten Seele erkennen, die um Hilfe rief. Ihre Schnauze war geschwollen. Als der Mann instinktiv die Hand ausstreckte, öffnete sie das Maul. Irgendwie hatte sich einer ihrer Fangzähne in ihre Zunge gebohrt und war stecken geblieben. Die Wunde hatte sich entzündet.

Als Traband ihr Maul geöffnet hielt und die geschwollene Zunge vorsichtig von dem Fangzahn befreite, drang ein schmerzliches Stöhnen aus ihrer Kehle. Die Prozedur dauerte mehrere qualvolle Minuten, aber sie stand ganz still. Als die Zunge befreit war, tätschelte der immer noch ungläubige Mann ihren goldbraunen Rücken. Mit einem dankbaren Aufleuchten ihrer Augen und einem sanften „mrroww" glitt der Luchs zurück in die Wälder."

Wie lässt sich diese Begebenheit verstehen? Woher wusste der Luchs, dass der Mann, dem er folgte, ihn verstehen und ihm helfen würde? Auf irgendeiner Ebene muss es eine Verständigung gegeben haben, einen tieferen Sinn, etwas, das weder Reagenzgläser noch Skalpelle aufzuspüren vermögen.

2

Sie sprechen mit Tieren

„Sie haben aber einen fetten kleinen Hund!"

„Das stimmt", erwiderte ich, ohne zu zögern. Die Beleibtheit unserer Basset-Hündin ist tatsächlich nicht zu übersehen. „Sie ist wirklich dick und heißt Sady."

„Nun, dann wollen wir einmal sehen, was Sady selbst dazu zu sagen hat…" Und nach einer Weile: „Sady meint, sie habe nicht viel zu tun, säße nur da und passe auf, es fehle ihr nichts."

Wie wahr! Nie zuvor hatten wir ein Haustier, das so aufmerksam beobachtete wie unsere fünf Jahre alte Sady mit ihren traurigen Augen. Obwohl sie nicht ständig auf der Farm herumläuft, scheint sie dem Geschehen stets nahe genug zu sein, um es still in sich aufzunehmen. Man schaut von seiner Arbeit auf, und Sady blickt einen an. Meistens legt sie sich so hin, dass sie mehrere Dinge gleichzeitig zu beobachten vermag.

„Sady sagt, sie hinken. Sie macht sich Sorgen."

„Nein, ich…" Im ersten Moment wollte ich abwehren. Dann erinnerte ich mich an die Wunde, die ich mir zugezogen hatte, als ich vor einigen Tagen in einen rostigen Nagel getreten war. Den Fuß schonte ich immer noch.

„Sie spricht von einem älteren Mann, der Nackenprobleme hat."

„Es könnte mein Vater sein. Er lebt im Nachbarhaus und klagt seit Jahren über Nackenbeschwerden."

„Dann gibt es da noch eine Frau, die sie liebt und von der sie geliebt wird, die aber sehr ungehalten werden kann, wenn sie sich im Dreck wälzt und Süßes vom Küchentisch stibitzt. Diese Frau redet viel, kann aber überhaupt nicht singen."

„Wahrscheinlich meinte sie mich", lachte später meine Frau. „Dieses Plappermaul!"

Sady liebt es, sich in Dreck und Schlamm zu wälzen und heimlich Kuchen, Kekse und Süßigkeiten vom Tisch zu stehlen.

Es war Fred Kimball, der „Mann, der mit Tieren spricht", der diese Dinge von unserer Sady erfuhr. Er ist ausgebildeter Psychologe und geschulter Hellseher. Wie kann man sichergehen, dass er nicht nur meine Gedanken las? Nun, Sady erzählte ihm ebenfalls Dinge, von denen ich nichts wusste, mich später aber dann überzeugen konnte. In einer Ecke ihrer Hundehütte hatte sie ein gewisses Spielzeug versteckt, und an einem bestimmten Platz, den ich ausfindig machen konnte, verbarg sie einen Knochen.

Der Mensch ist in gewisser Weise selbstgefällig und blind-ergeben und glaubt tatsächlich, dass der *Homo sapiens* als einziges Wesen wahre Intelligenz besitzt. Inzwischen gibt er zu, dass Menschen Gedanken lesen und sich telepathisch untereinander verständigen können, hebt aber gewöhnlich die Augenbrauen, wenn jemand behauptet, dass zweibeinige und vierbeinige Lebewesen ein Zwiegespräch führen können. Aus irgendeinem unerfindlichen Grund akzeptiert er es eher, dass Tiere unsere Gedanken zu lesen vermögen, nicht aber umgekehrt. Nicht selten berichtet ein Tierliebhaber, dass sein Hund bereits im Voraus von dem geplanten Waldspaziergang weiß oder wenn sein Besitzer beabsichtigt, die Stadt für einige Tage zu verlassen. Wir staunen über diese Fähigkeiten, halten sie aber durchaus für möglich. Ohne unseren Widerspruch zu bemerken, sind wir andererseits nicht gewillt, dem Tier das erforderliche Rüstzeug zuzugestehen.

Fred Kimball betrachtet Tiere als Wesen mit Verstand. Aufgrund dieser Einstellung hat er im Laufe der Jahre überall auf der Welt lebhafte Unterhaltungen mit den unterschiedlichsten Tieren geführt. Er schwingt sich auf ihre Gedanken ein und lässt sie wissen, dass er sich gerne mit ihnen unterhalten möchte. Falls sie zustimmen – manchmal weigern sie sich – erzählen sie ihm von ihrem Leben, ihren Vorlieben und Abneigungen, über Menschen und andere Tiere in ihrem Umfeld. Manchmal beklagen sie sich oder äußern eine Bitte.

Ein Pferd wurde wegen lahmender Hinterhufe behandelt. Trotz der Bemühungen einiger hervorragender Tierärzte verschlimmerte sich sein Zustand. Verzweifelt baten die Besitzer Kimball, das Pferd zu fragen, was ihm fehle.

„Ich bin im Stall gegen ein ungehobeltes Brett gestoßen und habe mir dabei einen Splitter in mein Rückgrat gerammt." Nach eingehender Untersuchung bestätigte der Tierarzt diese Aussage. Der Splitter wurde entfernt. Das Pferd erholte sich zusehends.

Man könnte Kimball als „Tierflüsterer" bezeichnen. Viele Tierbesitzer sprechen mit ihren Tieren. Kimball hört ihnen zu, wenn sie antworten. Was zeichnet ihn aus? Seine Kommunikation findet auf der Ebene von Mentalbildern statt. Ein verbaler Austausch ist nicht nötig.

Kimball lebt mitten in der Welt. Er blickt auf ein bewegtes Leben zurück. Dem großen energischen Mann sieht man seine siebzig Jahre nicht an. Seit über fünfzig Jahren befasst er sich mit dem Studium übersinnlicher Kräfte. Auf seinen Reisen begegnete er zahlreichen Kulturen und setzte sich unter anderem mit den östlichen Methoden auseinander, Körper und Geist zu beherrschen.

Als Kind besaß Kimball keine übersinnlichen Fähigkeiten. Zu den Aufgaben des Bauernjungen aus Massachusetts gehörte es, täglich die Kühe zu melken. „Es gibt nichts Schlimmeres", erzählt er, „als wenn dir eine Kuh morgens um vier mit ihrem Schwanz übers Gesicht fährt. Ich konnte Kühe nicht mehr ausstehen." Mit neun Jahren begann er, sich für Hypnose zu interessieren, und trat eine Zeit lang bei Festen als Hypnotiseur auf. Im Alter von neunundreißig gab er die Hypnose auf, betrachtet sie aber nach wie vor als wesentlichen Faktor für die Entwicklung seiner übersinnlichen Fähigkeiten.

Er hatte die Vierzig bereits überschritten, als er zum ersten Mal verstand, was Tiere sagten. Er stand allein auf dem Deck eines Tankers und beobachtete den Flug einer Möwe, die über den Schiffsbug glitt. Der anmutige Vogel schwang sich empor, verlangsamte seinen Flug und segelte nach Steuerbord. Als er sich dem Seemann näherte, rief er: „Hi, Fred!"

„Zunächst dachte ich", meinte er mit spitzbübischem Lächeln, „ich sei zu lang auf See gewesen. Ich war sicher, jemand hatte mich gerufen. Ich schaute mich um, konnte aber niemanden entdecken. Der Ruf wiederholte sich. Erst als die Möwe über mir hinweg flog, wurde mir klar, dass ich ihre Gedanken aufgefangen hatte."

Kimball arbeitete eine Zeit lang mit Dr. Nandor Fodor zusammen, dem bekannten New Yorker Psychiater und frühen Erforscher übersinnlicher Kräfte. In dieser Zeit erlebte er sein erstes Zwiegespräch mit einem Tier. Seine Freizeit verbrachte er im Central-Park-Zoo, um die Angewohnheiten und Bewegungen der Tiere zu betrachten. Eines Tages beobachtete er einen Löwen. Das Tier durchschritt seinen Käfig in höchst aufreizender Manier. Kimball versuchte, sich auf die Gedanken des Löwen einzustellen, und fragte sich, was dieser wohl dachte.

„Sex!", antwortete der Löwe.

Kimball fragte den Tierpfleger nach dem Grund für die Obsession. „Das ist gut so", meinte dieser. „Die Löwin im Nachbarkäfig ist heiß."

Laut Kimball gestaltet sich die Kommunikation mit Tieren nicht einfach, da sie nur über ein sehr begrenztes Vokabular verfügen.

Sie verständigen sich durch Bilder, die Kimball wahrnimmt und deutet. Dieser moderne Dr. Doolittle formuliert seine Fragen sehr einfach und kleidet sie in ein Mentalbild. Das Tier seinerseits antwortet mit einer Gedankenform, die Kimball interpretiert. Die Information gibt er an den Besitzer, Trainer oder andere involvierte Personen weiter. Bisweilen empfängt er den deutlichen Eindruck von Worten. Dazu erklärt er: „Als Beobachter eines schrecklichen Unfalls würde man sagen: „Wie furchtbar! Wie entsetzlich!" Mit anderen Worten, ich empfange einen bestimmten emotionalen Eindruck, der sich leicht in einfache Worte übertragen lässt."

Er stimmt sich auf das Tier in einer Weise ein, dass ein anwesender Parapsychologe meinte: „Einen Augenblick lang glaubte ich, den Hund sprechen zu hören."

Eine Frau bat Kimball, ihren Haushund, der plötzlich begonnen hatte, den Teppich zu beschmutzen, zu „lesen". Der Hund erzählte ihm, dass die Frau sich hatte scheiden lassen. Er liebte aber den Mann und gab der Frau die Schuld an der Trennung. „Sie hat ihn hinausgeworfen, und ich schmeiße auch hinaus – und zwar auf den Teppich." Der Hund erklärte weiter, er hasse die Frau und wolle nicht länger bei ihr bleiben.

Die Frau reagierte überrascht, als Kimball sie nach der Scheidung fragte und ihr die Botschaft des Hundes übermittelte. Er empfahl ihr, ein neues Heim für das Tier zu besorgen, da es nicht länger bei ihr bleiben wollte.

Einmal befragte er die Affen von Mae West. Einer berichtete ihm von einem Besucher, der sie beim Spielen beobachtet hatte, und meinte vergnügt: „Ich habe Wasser auf ihn gespritzt." Kimball nahm an, der Affe habe einen Wasserschlauch auf den Zaungast gerichtet. Miss West erklärte, das Tier habe mit seinem Schwanz einen in der Nähe stehenden Wassereimer in den Käfig gezogen und ihn dem verärgerten Besucher entgegen geschleudert.

„Im Wortschatz des Affen fehlte das Wort oder das Bild „Eimer", weshalb er es so ausdrückte, als habe er Wasser auf den Besucher gespritzt", erläuterte Kimball.

Kimballs paranormale Fähigkeiten beschränken sich nicht nur auf Tiere. Er berät und „liest" auch Menschen. Er nimmt die Aura wahr, die den Körper umgibt und ihn durchdringt, und gewinnt Einblick in Vergangenheit, Gegenwart und Zukunft. Einem von einer Person geschriebenen Brief oder ihrem Foto vermag er persönliche Einzelheiten über sie zu entnehmen. Er kann in den menschlichen Körper blicken, ein genaues Diagramm über physische und psychische Probleme erstellen und wertvolle therapeutische Ratschläge geben.

In ihrem Buch *Erregende Zeugnisse von Karma und Wiedergeburt* berichtet Dr. Gina Cerminara von einem Abend, an dem Kimball und sechzehn weitere Leute bei ihr zu Gast waren. Sie war Kimball bislang noch nicht begegnet, und er kannte keinen der übrigen Gäste. Einige hatten ihre Haustiere mitgebracht, die im Auto blieben, bis sie an der Reihe waren.

Kimball sprach zuerst mit einem Schäferhund namens Jack, den die anwesende Gruppe so sehr beunruhigte, dass er sich nicht mitteilte und Kimball nur zu verstehen gab, dass er in sechs Monaten sterben werde, was sein Besitzer später bestätigte.

Duchess, eine Schäferhündin, berichtete, dass sie es liebte, im weißen Familienwagen zu fahren, während sie ihre Nase auf der linken Seite des Vordersitzes in den Fahrwind streckte, den Kopf auf dem Nacken des Fahrers. Sie mochte den Ehemann sehr gerne. Die Kinder hingegen hielt sie für eine Plage.

Eine kleine Promenadenmischung erzählte alles über sich und ihr Umfeld. Dann erwähnte der Hund, dass er gerne auf dem Ledersofa schlafe, das in einem Zimmer neben dem Bad steht. Ein kleines Mädchen, das ebenfalls dort lebte, pflegte nach dem Aufstehen ins Bad zu gehen, sich unter das Waschbecken zu hocken und bitterlich zu weinen. Der Hund meinte, wenn er sie weinen höre, verginge ihm die Freude an der Couch. Höchst erstaunt bestätigten die Besitzer diese Informationen.

An jenem Abend klagte ein französischer Pudel, dass er sich vernachlässigt und ungeliebt fühlte, und eine Katze berichtete, dass sie die Vorträge der Theosophischen Gesellschaft, die nebenan stattfanden, fast gänzlich mitbekam. Es war offensichtlich ein gelungener Abend gewesen. In ihrem Buch schreibt Dr. Cerminara über Kimball:

„Es handelt sich um eine neue, umfassendere Stufe des Hellsehens, das schon immer unterschiedliche Ziele verfolgt hat. Zweifellos haben bereits andere begabte Hellseher in den Körper und den Geist von Tieren geblickt. Aber dies ist nur selten bekannt geworden, falls überhaupt, ebenso wie die offengelegten Einzelheiten, deren Wahrheitsgehalt zumindest teilweise überprüft werden kann.

Kimballs Arbeit verdient ein intensives Studium und sollte andere Menschen mit übersinnlichen Fähigkeiten anspornen. Mein Interesse gilt ihr vor allem, weil sie wesentliche Einblicke in das Innenleben von Tieren gewährt. Jeder Katzen- oder Hundeliebhaber wird zu schätzen wissen, etwas über das zu erfahren, was unsere vierbeinigen Freunde nicht zu verbalisieren vermögen. Abgesehen von dieser persönlichen Genugtuung, zeigt uns Kimballs Fähigkeit, dass Leben Geist und Bewusstsein bedeutet. Tiere verfügen über ein sensibles Wahrnehmungsvermögen, das dem unsrigen ähnelt. Hinter den wachsamen, lebhaften Augen verbirgt sich eine scharfsinnige Fähigkeit zu beurteilen und abzuschätzen, eine Fähigkeit, von der wir gewöhnlich nichts wissen, da sie sich nicht in der menschlichen Sprache zum Ausdruck bringt."

Vor einigen Jahren machte Kimball in Silver City (New-Mexico) in der dortigen St-John-Mine eine interessante Erfahrung.

Während er auf einen Freund wartete, der in der Mine arbeitete, ließ er sich auf einer Kabelrolle nieder. Da bemerkte er einen großen goldhaarigen Hund, der auf ihn zukam. Aufgrund der roten Aura, die den Kopf des Hundes umgab, schloss Kimball auf ein Kopfleiden. Er streichelte den Hund und meinte: „Du musst ein guter Kämpfer sein." Der Hund entgegnete, er wäre es einmal gewesen, drehte sich um und verschwand im nahegelegenen Tunnel. Kurz darauf körte Kimball ein kurzes Bellen und sah im Geiste den Hund kopfüber in einen Schacht stürzen. Sein Kopf schlug gegen etwas auf dem Boden. Dann lag er still.

Kimball holte rasch den Vorarbeiter der Mine. Man fand heraus, dass der Hund in einen neuen Stollen gelaufen und abgestürzt war. Der Vorarbeiter meinte, das Tier sei blind (was die rote Aura erklärte) und verlasse sich ausschließlich auf seinen Geruchssinn. Da er den neuen Minenabschnitt nicht kannte, wusste er nichts von dem offenen Schacht. Man zog das bewusstlose Tier heraus und war der Meinung, es wäre wohl besser, den Hund zu erschießen. Kimball nahm Kontakt zu ihm auf und fragte: „Wirst du sterben?" „Nur, wenn ihr mich erschießt", war die Antwort. Kimball gab diese Äußerung an die Minenarbeiter weiter, die daraufhin beschlossen, das Tier gesund zu·pflegen. Nach kurzer Zeit hatte es sich erholt.

Kimball hält den Schäferhund für den intelligentesten und furchtlosesten Hund. „Diese großen Tiere haben das Gefühl, alles töten zu können, und fürchten sich vor nichts und niemandem. Natürlich kann keine Tierart Intelligenz für sich alleine in Anspruch nehmen, aber ich halte sie für intelligenter als kleine Hunde. Letztere sind unsicher und sagen mir oft: „Wenn ich hinausgehe, setze ich jedes Mal mein Leben aufs Spiel." Seiner Meinung nach hängt diese Furcht weitgehend mit der nervösen Veranlagung kleiner Hunde zusammen.

Die tatsächliche Intelligenz eines Tieres bestimmt er nach dessen Fähigkeit, Mentalbilder zu erschaffen. Die gängige Ansicht, Hunde seien farbenblind, teilt er nicht. „Intelligente Hunde sind durchaus in der Lage, Farben zu übermitteln. Weniger intelligente Tiere sind sich keiner Farben bewusst."

Katzen sind geheimnistuerisch und wenig kommunikativ. Eines der intelligentesten Tiere, mit denen Kimball jemals sprach, war Mrs. Quaker, eine vierzehn Jahre alte Ente. Sie beschrieb ausführlich die gesundheitlichen Probleme ihres Besitzers, die von dessen Frau bestätigt wurden. Kimball zufolge mangelt es Tieren an einem umfangreichen Vokabular. So berichtete ihm eine Hündin, dass sie gerne „stinkende Katzen" jage, ihre Beschreibung für Stinktiere.

„Tiere spiegeln weitgehend die Menschen ihrer Umgebung wider", erläutert Kimball. „Während einer Vorführung in Hollywood war es mir fast unmöglich, einen Hamster zu verstehen. Ich fragte ihn, warum er so leise rede. Die kleine Kreatur erwiderte: „Die alte Frau im Haus lässt nicht zu, dass jemand laut spricht. Sie mag keinen Lärm." Bei der alten Frau handelte es sich um die Großmutter der Familie. Sie befand sich unter den Zuschauern und zeigte sich recht betroffen, dass der kleine Hamster es wagte, sie so zu konfrontieren, musste es aber eingestehen."

Eine siebenjährige Cockerspaniel-Dame mit Namen Gypsy erzählte, dass sie in einem neuen dunkelgrünen Wagen angereist war. Sie beschrieb ihr Haus und nannte alle Familienmitglieder mit Namen. Was eine Freundin des Jungen betraf, irrte sie sich allerdings. Sie glaubte, das Mädchen lebe im Haus, da sie häufig beobachtet hatte, wie es die Kühlschranktür öffnete. Gypsy erzählte von ihrem gebrochenen Bein, das man dauerhaft mit Drähten fixiert hatte. Kimball fand dies sehr interessant, da sie nicht einmal hinkte.

Einmal lockte er ein Erdhörnchen aus seinem Bau, um es zu füttern. Als sich ein neugieriger junger Mann näherte, entschuldigte sich das Tier: „Ich traue diesem Burschen nicht", und verschwand in seinem Bau.

Schlangen, Leoparden, Adler, Schweine, Eidechsen und Tiger haben sich dem Mann, der sie versteht, mitgeteilt. Einmal gelang es ihm sogar, sich auf Erdwürmer in einer Büchse zu konzentrieren. Sie berichteten, dass sie von der rechten Seite des Gebäudes kamen und zu fünft in der Büchse waren. Kimball zählte nach. Es stimmte.

Bei einer Fahrt ins Gebirge stieß er auf einen aufgebockten Rotwildkopf, der ihm zuzulächeln schien. Er konzentrierte sich auf den Kopf. „Zuerst stimmte er mich traurig. Dann nahm ich das Bild einer Wandergruppe wahr, die sich im Hochland verirrt hatte. Von dem Tier, mit dem ich Kontakt aufnahm, erfuhr ich, dass es getötet worden war, um halbverhungerten Menschen in einem alten Minenstollen in den Colorado-Bergen als Nahrung zu dienen. Es gab mir zu verstehen, dass es nicht traurig war, wie es sein Leben lassen musste."

Nachdem Kimball mit den Pferden eines Rennens gesprochen hatte, kannte er vierzehn von den späteren siebzehn Gewinnern. Ein Glück für die Rennleitung, dass er keinen Nutzen aus seiner ungewöhnlichen Begabung zog.

Kimball bevorzugt den persönlichen Kontakt mit Tieren. Ebenso wie mit Menschen, vermag er auch auf telepathischem Wege mit ihnen zu sprechen. Diese Begabung setzt er ein, wenn es um weit entfernt lebende Tiere geht, deren Gesundheit beeinträchtigt ist oder die verlorengegangen sind. In letzterem Falle versucht er, eine Verbindung zu dem Tier herzustellen und es aufzufordern, die Umgebung, in der es sich befindet, möglichst genau zu beschreiben. Auf diese Weise gelingt es ihm meistens, den Ort seines Aufenthaltes ausfindig zu machen.

Kimball ist nicht der einzige Mensch, der mit Tieren spricht. In gewisser Weise sprechen wir alle mit ihnen, wenn auch meistens unbewusst. Sicherlich gibt es viele Leute, von denen man noch niemals etwas gehört hat, die mit allen Lebensformen zu kommunizieren verstehen. Castaneda machte diese Erfahrung in seiner Freundschaft mit Don Juan. Schamanen, Yogis und vor allem die Indianer sind in der Lage, ihr Bewusstsein auf jedes andere Bewusstsein im Universum einzuschwingen, sei es auf das eines Insekts oder das eines Elefanten.

Beatrice Lydecker, eine gute Bekannte Kimballs, vermag ebenfalls mit Tieren zu reden. Sie hält Vorträge und ist als Beraterin sehr gefragt. Als Kind ahnte sie nicht, dass sie eines Tages die Sprache der Tiere interpretieren würde. Eigentlich wollte sie Waisenkinder missionieren und besuchte eine Predigerschule. Als sie vor sieben Jahren in Kalifornien unterrichtete, fiel ihr Augenmerk auf einen großen Schäferhund, der in einem Garten angebunden lag. Sie hatte das Gefühl, als wolle er sich mit ihr unterhalten. Sie ging auf den Hund zu und wusste plötzlich, was er dachte und fühlte. Er erzählte von seiner Traurigkeit, weil man ihn so lange alleine ließ. Sie sprach mit dem Besitzer und erfuhr, dass dieser vor wenigen Monaten einen Unfall erlitten und den Hund angeschafft hatte, damit er ihm Gesellschaft leistete. Inzwischen war er genesen und konnte wieder zur Arbeit gehen, weshalb das Tier tagsüber sich selbst überlassen war.

Auch andere Tierbotschaften drangen unerwartet auf sie ein. Sie war beunruhigt und teilte sich ihrer Gebetsgruppe mit. Diese betrachtete ihre Fähigkeit als Gottesgabe, der sie Folge leisten sollte. Ihr Weg führte sie häufig an einem Gebrauchtwagenplatz vorbei. Jedes Mal hörte sie deutlich ihren Namen rufen. Es klang wie ein Hilferuf. Sie blickte umher, entdeckte aber nur einen Dobermann, der als Wachhund auf dem Platz lebte. Er ließ sich von ihr streicheln. Die Vorübergehenden mögen sich gewundert haben, denn obwohl er gestreichelt wurde, knurrte er sie an.

Der Hund beklagte seine Einsamkeit. Er sehne sich nach Zuwendung und verabscheue sein Bild als gefährliches Tier, für das man ihn allgemein hielt, und das nur, weil er sich den Menschen entfremdet hatte.

Die junge Frau vertraute sich einigen Freunden an, die anderen von ihrer ungewöhnlichen Fähigkeit erzählten. Sie ging zurück zur Schule, um Anatomie, Chemie, Zoologie und Psychologie zu studieren. Seit jener Zeit kommuniziert sie mit jeder Tierart, von Eidechsen bis zu Leoparden.

Ihre Erfahrungen mit Tieren ermöglichen es ihr, sich auf nonverbale Weise mit behinderten Menschen zu verständigen – Autisten, Opfer von Schlaganfällen oder unter zerebraler Paralyse leidenden Patienten.

Sie vermochte mit einem zweijährigen Kind zu kommunizieren, das die Außenwelt nicht wahrnahm. Lydecker stellte fest, dass dieses Kind unter schwersten emotionalen und physischen Traumata litt, die von seiner Geburt herrührten. Es sehnte sich nach der Geborgenheit des Mutterleibes. Das Einzige, an dem es sich erfreute, war, gewiegt zu werden.

Die Ärzte bestätigten, dass das Kind unter großen Schwierigkeiten von einem dreizehnjährigen Mädchen geboren wurde, das es nicht haben wollte. Das Pflegepersonal begann, die Kleine hin und her zu wiegen. Man betrachtete es als einen entscheidenden Durchbruch, als das Kind einer Person entgegen kroch, die gekommen war, es zu wiegen.

„Alles Lebendige verständigt sich auf dieselbe Art und Weise", meint Lydecker. „Es handelt sich dabei um eine subjektive Kommunikation. Kinder nutzen diese Fähigkeit. Wachsen sie heran und erlernen die Sprache, verliert sie sich. Die subjektive Kommunikation erlaubt, alles zu sagen, was man wirklich fühlt. Sie gleicht einem Traum, aber die Person ist hellwach. Es tauchen Mentalbilder auf, in denen man sieht, hört, fühlt und das Leben erfährt.

Jedes Tier kann die Gedanken seines Gegenübers lesen. Es sieht die Gedankenbilder. Fürchtet eine Person, von dem Hund gebissen zu werden, wird sich dieses Mentalbild wahrscheinlich verwirklichen. Haustiere nehmen auch Mentalbilder von Besitzern wahr, selbst wenn sie sich nicht unmittelbar auf das Tier beziehen." Sie berichtete von einem Schäferhund, der die Angewohnheit hatte, Stoffe zu zerreißen. Sein Herr war gestorben. Der Hund versuchte, die Trauer seiner Herrin zu teilen.

Die Entfernung zwischen Mensch und Tier scheint die Kommunikation nicht zu beeinträchtigen. Lydecker zufolge kann das Tier die Mentalbilder seines Herrn wahrnehmen, selbst wenn dieser sich meilenweit entfernt aufhält. Es weiß, wenn ihm Gefahr droht oder er sich auf den Heimweg macht. Ein Tierbesitzer, der während seiner Abwesenheit den Hund in einer Hundehütte zurücklässt und sich um ihn sorgt, muss sich nicht wundern, ihn bei seiner Heimkehr krank vorzufinden, weil er nicht gefressen hat.

Beatrice Lydecker, die bisweilen als reisende Tieranalytikerin bezeichnet wird, fährt in einem Lieferwagen über Land. Begleitet wird sie von den drei Schäferhunden Princess, Lover Boy und Philea, dem Spitz Blackie und den beiden Katzen Tigger und Snow Bunny. Neben ihren zahlreichen Terminen arbeitet sie an ihrer Doktorarbeit und an einem Buch mit dem Titel *What the Animals Tell Me*. Sie führt kurze Gespräche und tiefgründige Unterhaltungen mit ihren Tieren. Ihr dreizehn Jahre alter Spitz erzählte ihr, dass seine frühere Besitzerin – Julie oder Judy, er erinnert sich nicht mehr genau – ihn in Las Vegas verlor. Aber es war richtig, ihn mitzunehmen, da er sie zu kurz gekannt hatte, um sich an sie zu binden.

Auch Tiere sind nicht immer zum Reden aufgelegt. Princess starrte eines Tages sehnsüchtig aus dem Fenster. Da sie annahm, dass ihr etwas fehlte, begann sie, sich auf sie einzuschwingen. Nach ein paar Sekunden schaute Princess sie an und meinte, sie solle sich um ihre eigenen Angelegenheiten kümmern. Roy Rogers Pferd blickte sie kurz an und wandte sich von ihr ab.

Die jungen Rinder erzählten ihr, dass ihnen ihr Leben im Rodeo Spaß mache, obwohl sie den Kerl mit dem „heißen Stock" nicht leiden könnten. Offensichtlich meinten sie die elektrische Sonde, die eingesetzt wird, damit die Rinder in die Arena springen. Die bockenden Pferde empfanden ihr Leben dort als wunderbar und konnten sich kein besseres vorstellen. Secretariat, das erfolgreiche Rennpferd der letzten Jahre, war nicht glücklich mit seinem Schicksal. Es vermisste die Gesellschaft der anderen Pferde aus seinem ehemaligen Gestüt. Alleine auf der Koppel herumzurennen, mache keine Freude. Es sei langweilig, nur dazuliegen und allenfalls als Zuchthengst eingesetzt zu werden. Lydecker behauptet, Tiere machten sich emotional nicht viel aus Sex. Es sei für sie eine rein physische Angelegenheit.

Ihrer Meinung nach sind die meisten Haustiere überfüttert, haben zu wenig Auslauf, sind allzu sehr verwöhnt und langweilen sich. „Die Besitzer sind recht dumm. Viele Tiere können ihren Herrn oder ihre Herrin nicht ausstehen. In solchen Fällen versuche ich, den Eigentümer behutsam darauf aufmerksam zu machen, dass ein anderer Besitzer besser für ihr Tier wäre. Einmal erhielt ich die Antwort: „Aber das Tier ist schon seit drei Jahren bei mir. Das arme Ding könnte sich niemals an ein anderes Zuhause gewöhnen." Währenddessen flehte mich der Hund an: „Nimm mich fort von diesen Leuten."

Lydecker hilft den Eigentümern, ihre verlorenen Tiere wiederzufinden. Sie stellt sich auf das Tier ein und hört zu, wie es seine Umgebung beschreibt – Häuser, Autos und bisweilen auch Namen nennt. Sie dokumentiert ihre Arbeit, begleitet von den Dankesbriefen, die manchmal beginnen: „Ich verstehe immer noch nicht, wie Sie das geschafft haben…"

Wie lassen sich solche Zwiegespräche mit Tieren verstehen?

Gestaltet es sich wirklich so schwierig oder haben wir es vergessen und glauben, eine Kommunikation sei nur über die Sprache möglich? Sollte es tatsächlich ein universelles Bewusstsein geben, dann haben alle großen und kleinen Dinge ihr Sein darin. Alle Lebensformen sind Lungen, durch die das Ewige atmet.

3

Missie – der hellsichtige Terrier

Exakte Voraussagen von Katastrophen, politischen Strömungen, Mondlandungen, Weltereignissen, Geburt und Tod gehörten zu den Leistungen einer Seherin aus Denver. Die Londoner *Daily Mail* bezeichnete sie als eine der besten.

Durchaus beachtenswert. Stutzig machte uns nur, dass es sich um eine Hündin handelte, die dies vollbrachte. Die Geschichte von Missie, dem Boston-Terrier, mutet seltsam und unverständlich an, bleibt aber unvergesslich.

Wie man Missies Begabung auch erklären mag, sie selbst darf dabei nicht übersehen werden. Ihr Fall wurde zu ausführlich dokumentiert, zu oft bezeugt und aufgezeichnet. Man kann sie nicht als Geschichte sensationslüsterner Reporter abtun. Was eine Analyse ihrer höchst ungewöhnlichen Fähigkeiten erschwert, ist die Tatsache, dass ihre Verhaltensweise nicht unserer Vorstellung entspricht, was ein Hund kann und was er nicht kann. Man gesteht Tieren zu, dass ihr Wahrnehmungsvermögen das des Menschen übersteigt. Dass ein Hund in einer Weise mit dem Leben im Einklang schwingt, dass er auf der Suche nach seiner verlorenen Familie einen Kontinent durchquert und sogar telepathisch Kontakt zu seinem Besitzer aufnimmt, geht noch an. Aber dass eine vierbeinige Kreatur in die Zukunft blicken und sogar ihre eigene Todesstunde vorhersagen kann und dank ihrer übersinnlichen Kräfte ein Kartenspiel im Kopf behält, ohne einen einzigen Fehler zu machen, verschlägt einem den Atem.

In der September/Oktober-Ausgabe von *Psychic* aus dem Jahre 1973 schrieb Gina Cerminara einen Artikel mit der Überschrift: „Missie, der hellsehende Hund aus Denver." Ihre Ausführungen verwirrten mich. Ich beschloss, darüber zu schlafen. Am nächsten Tag las ich den Artikel noch einmal. Entweder lagen noch nicht alle Fakten vor und es gab eine andere Erklärung als Hellsehen für Missies Begabung oder dieser Hund zwang uns, unser Verständnis von Intelligenz und Wissen, ja sogar des Lebens selbst, neu zu überdenken. An jenem Abend rief ich die Besitzerin des Hundes an.

Mildred Probert und ich führten ein längeres Gespräch. Sie war charmant, intelligent, gut informiert und stand mit beiden Beinen auf der Erde. Vielleicht hatte ich sie mir anders vorgestellt. Über die Fähigkeiten ihres Hundes sprach sie nüchtern und sachlich. Ich war beeindruckt und überzeugt, dass man nicht leicht über sie hinweggehen konnte. Es folgten weitere Telefongespräche, und wir korrespondierten schriftlich miteinander.

Im Frühjahr 1976 besuchten meine Frau und ich sie in ihrem Heim in Denver. Das alte Haus war vollgestopft mit viktorianischen Antiquitäten, die zum Teil aus dem Schloss ihres Großvaters stammten, der sie von Dänemark mit herübergebracht hatte. Missie war bereits seit mehreren Jahren tot. Begrüßt wurden wir von Sissie, ebenfalls einem Boston-Terrier, der Cousine Missies. Frau Probert gab rasch zu verstehen, dass Sissie keinerlei übersinnliche Fähigkeiten besaß. Dennoch war das Tier einfühlsam genug zu erkennen, dass wir Hunde lieben.

Umgeben von Fotos, Bekleidungsstücken, Spielzeug und Sammelalben, die an Missie erinnerten, saßen wir auf dem Diwan und lauschten den Berichten von Mildred Probert. Sie hatte wiederholt von ihrem berühmten Hund erzählt, den Besuchern sowie Zeitungsreportern, im Radio und im Fernsehen. Sie achtete auf jede wichtige Einzelheit, denn ihr war bewusst, dass ihr Hund ein Geschenk war, der ihr Leben veränderte und für die Menschen sehr bedeutsam sein konnte. Sie schien uns nichts vorzumachen und zeigte sich offen und höflich. Ihre große Liebe für den verstorbenen Hund war unübersehbar und anrührend. Sie schreibt gerade an einem Buch über Missie. Es wird ein wichtiges Buch werden.

Selbst die Umstände, unter denen Missie zur Welt kam, waren ungewöhnlich. Mildred Probert war einige Jahre lang Blumenzeichnerin gewesen, ehe sie Leiterin und Teilhaberin eines Tierladens wurde. Ihr Gesundheitszustand zwang sie, diese Tätigkeit aufzugeben. Aber sie kümmerte sich um Tiere, die besonderer Pflege bedurften oder deren Besitzer sie vorübergehend in ihre Obhut gaben. Eines Tages brachte man ihr einen winzigen Boston-Terrier, der soeben das Licht der Welt erblickt hatte und aufgrund seiner Schwächlichkeit nicht bei dem übrigen Wurf bleiben konnte. Seine Geburt war merkwürdig gewesen. Das Muttertier hatte im Beisein des Tierarztes drei Junge zur Welt gebracht. Alles verlief gut, bis sie sich gegen Mitternacht vor Schmerzen zu krümmen begann. Man brachte sie in die Tierklinik. Nahe dem Brustkasten entdeckte der Chirurg eine kleine Verdickung, die er zunächst für eine Geschwulst hielt. Es war ein winziger Welpe.

Missie hat ihre Mutter und ihre Geschwister niemals kennengelernt. Sie kannte zunächst nur ihre Menschenmutter. Hunde haben sie niemals interessiert. Sie bevorzugte Menschen. Für einen Boston-Terrier war sie ausgesprochen winzig. Sie unterschied sich gewaltig von den anderen Hunden ihrer Spezies. In der Regel hat ein Boston-Terrier dunkle, fast schwarze Augen, ihre hingegen waren von einem tiefen Kobaltblau. Es gibt zwar Hunde mit hellblauen Augen, die sich mit denen von Missie aber nicht vergleichen lassen.

Missie zählte fast fünf Jahre, als ihre übersinnlichen Fähigkeiten entdeckt wurden. Bei einem Spaziergang begegneten sie und Mildred Probert einer Bekannten mit ihrem Kind. Auf die Frage, wie alt die Kleine sei, schwieg das Kind. Die Mutter entschuldigte es mit seiner Schüchternheit und meinte, es zähle drei Jahre. Frau Probert beugte sich über das Kind: „Drei. Sag mal drei!" Das Kind schwieg, aber Missie bellte plötzlich dreimal. Man lachte: „Gut, wie alt bist du denn?" Der Hund bellte viermal. Höchst erstaunt fragte Frau Probert: „Und wie alt wirst du nächste Woche werden?" Als Antwort bellte Missie fünfmal, was stimmte.

„So hat es begonnen. Ich habe sie nicht trainiert, denn sie wusste Dinge, die mir fremd waren. Es ging nur darum herauszufinden, was sie wusste. Es schien unendlich viel zu sein." Sie testete Missie mit Hilfe ihrer Finger, indem sie fragte, wie viele Finger sie hochhielt. Bald entdeckte sie, dass der Hund addieren konnte. „Wenn ich vier Finger hochhalte und dann noch fünf Finger dazu, wie viele sind das?" Die richtige Antwort kam augenblicklich.

Mildred Probert weiß nicht, wie Missie lernte, mit Zahlen umzugehen. „Sie entwickelte ihr eigenes System. Bei ein- oder mehrstelligen Zahlen, wie Haus- oder Telefonnummern, bellte sie entsprechend oft für die erste Zahl, hielt kurz inne und fuhr fort. Handelte es sich um eine Null, gab sie einen seltsam gedämpften Laut von sich."

Missies geradezu unheimliches Verhältnis zu Zahlen ließ sie nicht nur addieren und subtrahieren, sondern auch die Anzahl der Buchstaben eines Namens bestimmen. Ihre außersinnliche Wahrnehmungsfähigkeit wurde entdeckt, als ein völlig Fremder den Hund nach seiner Adresse fragte. Ohne zu zögern, bellte sie die entsprechenden Zahlen. Ihre Besitzerin fand heraus, dass der Hund die Anzahl der Buchstaben im Vor- und Zunamen einer unbekannten Person anzugeben wusste.

Einmal fragte man Missie nach der Anzahl der Buchstaben

im Vornamen einer Frau. Sie bellte viermal für Mary. „Wie viele Buchstaben sind in „Merry", wie in Merry Christmas?" Es ertönte fünfmaliges Bellen. Immer wieder testete man den Hund, der stets die richtige Antwort gab. Dabei spielte es keine Rolle, ob ihre Eigentümerin im Zimmer war oder nicht. Man prüfte Missie in fünf Sprachen. Ob sie noch mehr Sprachen verstand, ist nicht bekannt.

Bei Gesellschaften konnte man sich darauf verlassen, dass der Hund genau wusste, wie viele Münzen die Geldbörse der Anwesenden enthielt, die selbst oft keine Ahnung hatten, was in ihrem Portemonnaie steckte.

Dr. Cerminara berichtet in ihrem Artikel von einer Begebenheit, bei der Missie nach der Nummer einer hochgehaltenen Spielkarte gefragt wurde. Der Hund und die übrigen Gäste konnten nur die Rückseite der Karte sehen. Missie hatte niemals zuvor ein Kartenspiel gesehen, dennoch war sie in der Lage, jede einzelne Karte richtig zu benennen. Die Möglichkeit einer telepathischen Verständigung war auszuschließen, da niemand im Raum wusste, um welche Karte es sich handelte, bis Missie die Antwort bellte. Kam die Reihe an einen Joker, eine Königin oder einen König, winselte der Hund. Fragte man sie: „Ist es eine Bildkarte?", bellte sie dreimal, was „Ja" bedeutete. „Ist es ein König? Eine Königin? Ein Joker?" Traf es zu, bellte sie dreimal.

Missie hatte ihren eigenen Weg gefunden, mit Ja oder Nein zu antworten. Außer einem dreimaligen Bellen für Ja und einem zweimaligen für Nein ließ sie ein deutliches „huh-uh" für Ja und „uh-huh" für Nein vernehmen. Sie nickte für Ja und schüttelte den Kopf für Nein.

Ein Leben lang litt der kleine Hund unter gesundheitlichen Schwierigkeiten, einschließlich Epilepsie, aber sie war fest entschlossen zu leben. Sie liebte das Leben. Ihre Begeisterung für alles in ihrer Umgebung wirkte ansteckend. Als sie einmal in die

Tierklinik eingeliefert wurde, um operiert zu werden, fragte ihre Besitzerin nach der Station, auf der sie liegen werde. Missie bellte fünfmal. Der Arzt meinte, dies wäre wohl kaum der Fall, aber der Hund behielt recht.

Missie konnte die Seriennummern der Dollarscheine angeben, den Tag, den Monat und das Jahr, an dem Freunde oder Fremde geboren wurden. Oft wurde angenommen, dass es sich um einen Trick handelte, aber wenn die Leute merkten, dass dem nicht so war, schienen sie überzeugt zu sein. So konnte Missie einen höchst skeptischen Arzt eines Besseren belehren, indem sie ihm seine private Telefonnummer, die er niemals herausgab, nannte (abgesehen von der letzten Ziffer, um ihn nicht zu verärgern). Ebenso konnte sie einem skeptischen Zeitungsreporter seine Versicherungsnummer, die er selbst nicht auswendig wusste, nennen. Er musste die Richtigkeit bestätigen. Wie es dem Hund gelang, weiß niemand. Er versetzte alle in Erstaunen.

Am 15. Oktober 1964 machte der kleine Terrier seine erste Vorhersage. Man stand kurz vor den Wahlen. Jeder rätselte über den Ausgang. Mildred stand mit Missie in einem Geschäft in der Nachbarschaft, dessen Angestellte den Hund gerne befragte. Mildred, die sich mit dem Ladenbesitzer unterhielt, fragte ihn: „Wie viele Wochen sind es eigentlich noch bis zu den Wahlen?" Noch ehe der Mann antworten konnte, bellte Missie dreimal, also noch drei Wochen. Es stimmte. Erstaunt fragte Mildred: „Und wie viele Tage sind es noch bis zur Wahl, Missie?" Der Hund bellte korrekt neunzehnmal.

„Fragen sie den Hund doch einmal, wer die Präsidentschaft gewinnen wird", meinte der Ladenbesitzer. Mildred warf ein: „Wie soll der Hund das denn wissen?" Inzwischen hatten sich mehrere Leute um ihren Hund versammelt und bestanden auf der Frage. Mildred fragte Missie: „Wenn Johnson eins ist und Senator Goldwater zwei, wer wird dann die Wahl gewinnen?" Missie bellte einmal. Mildred drehte die Frage um: „Wenn Goldwater eins ist und Johnson zwei, wer wird die Wahl gewinnen?" Missie bellte zweimal.

Einer der Anwesenden rief die Rocky Mountain News an. Man schickte einen Reporter und einen Fotographen. Am 8. November 1964 erschienen in der Zeitung ein Bild von Missie und ihre Vorhersage.

Es folgten zahlreiche weitere Vorhersagen politischer Ereignisse. Nicht beantworten allerdings wollte Missie die Frage, ob sich Johnson ein zweites Mal zur Wahl stellen werde. Sie schob ihre Schnauze vor und schwieg, berichtete Mildred. Der Hund sagte nicht nur die Nominierung Nixons zum Präsidenten voraus, sondern noch zahlreiche andere Wahlergebnisse, die zunächst höchst unwahrscheinlich zu sein schienen.

Missie prophezeite die Anzahl der Fehlstarts von Gemini 12, die Zahl der Weltraumflüge, der Mondlandungen und wie oft Ufos auftauchten. Am Neujahrsabend 1965 stellte man ihr im Radio von Denver einige Fragen. Nachdem sie die Anzahl der Buchstaben in „Happy New Year" richtig bestimmt hatte, fragte man sie nach dem Ende des New Yorker Verkehrsstreiks. Sie bellte „13. Januar", was tatsächlich eintraf.

In der Gegend von Denver sorgte man sich damals wegen eines Erdbebens und fragte Missie, ob es sich um ein Beben natürlichen Ursprungs handelte. Sie verneinte. Auf die Frage, wann die eigentlichen Ursachen bekannt werden würden, gab sie den Zeitpunkt Ende Januar an. Im Laufe des Monats stellte sich heraus, dass die Armee Abfallstoffe von Giftgas in einen alten Schacht gelagert hatten, deren Explosion man für das Beben hielt.

Missies Wissen um die Zukunft schien so breitgefächert zu sein wie die Fragen, die man ihr stellte. Sie sagte voraus, dass das in Denver geplante Kernkraftwerk nicht gebaut werden würde, außerdem das Datum der ersten Pariser Friedensgespräche und deren Ergebnis sowie die Rückkehr der Colorado National Reserve aus dem Vietnamkrieg.

In einem offenen Brief an Mildred schreibt Gary Robinson: „Als ich noch als Moderator einer Radio-Talk-Show arbeitete, rief ich am 30. 9. 1965 (dem Tag der Geburt meiner Tochter) Mildred Probert an. Sie sagte mir, dass ihr Hund, der über außersinnliche Fähigkeiten verfügt, auf die Frage, ob es ein Mädchen werde, „Ja" gebellt habe. Dieser Anruf erfolgte vor der Geburt des Mädchens. Der Hund bellte die Uhrzeit und Temperatur ins Telefon. Auf Mildred Proberts Frage nach dem genauen Datum, Jahr und Wochentag und der Anzahl der Buchstaben meines Namens, antwortete der Hund fehlerfrei. Ich hatte zum ersten Mal mit einem Hund gesprochen. Sieben- oder achtmal war Missie damals mein Gesprächspartner während der Show. Sie prophezeite stets die genauen Ergebnisse der Football- und Baseballspiele. Am Neujahrsabend 1966 sagte der Hund Ereignisse voraus, die in den jeweiligen Monaten des folgenden Jahres ihren Angaben entsprechend eintrafen."

In zahlreichen Fällen sagte Missie Geburtsdatum, Geschlecht und Gewicht eines ungeborenen Kindes voraus, darunter auch die Geburt einer Tochter der Königin von Griechenland. Als Mildred und Missie am 10. September 1965 in ihrem Vorgarten saßen, blieb eine schwangere Frau stehen. Mildred erwähnte die Fähigkeiten ihres Hundes, genaue Voraussagen zu Geburten machen zu können. „Nun", meinte die Frau, „ich weiß, was mich erwartet. Ich habe zwei Fehlgeburten hinter mir. Am 6. Oktober werde ich einen Kaiserschnitt haben."

„Wird diese Dame am 6. Oktober ihr Baby zur Welt bringen?", fragte Mildred den Hund. Dieser verneinte es, was die Frau beunruhigte, da sie glaubte, auch dieses Kind werde sterben. Sofort fragte Mildred, ob das Baby leben werde. Missie bellte dreimal für Ja.

„In welchem Monat wird das Baby geboren?"

„Da weiß ich doch", meinte die Frau, „im Oktober!"

„Nein!", bellte Missie, und anschließend neunmal, was September bedeutete. Dann bellte sie zweimal, hielt inne, und dann achtmal, was achtundzwanzig hieß.

„Ein Mädchen?", fragte Mildred. „Nein", war die Antwort. „Ein Junge?" Missie bellte dreimal.

Die Frau widersprach. „Der Arzt ist ganz sicher, dass es ein Mädchen wird." Mildred fragte nach weiteren Einzelheiten. „Zu welcher Uhrzeit wird das Baby zur Welt kommen?" Missie bellte neunmal. „Neun Uhr morgens?" „Nein", war die Antwort. „Am Abend?" Missie bejahte.

„Ich fürchte, das kann nicht sein", warf die schwangere Frau ein. „Der Arzt hat die Operation für neun Uhr morgens angesetzt. Abends ist er nicht im Krankenhaus."

„Wie viel Pfund wird das Baby wiegen?", fragte Mildred weiter. Der Hund bellte siebenmal.

„Das bezweifle ich", warf die Frau ein. „Meine anderen Babys wogen nur fünf Pfund."

Sie fand es erstaunlich, dass der Hund die Fragen verstand, meinte aber, dass er sich wohl irre. Dann dankte sie Mildred und ihrem Hund für ihre Anteilnahme und machte sich auf den Weg. Mildred bat um einen Anruf, wenn das Baby zur Welt kam.

Am Abend des 28. September erhielt sie einen Anruf von dem Ehemann der Frau. Aufgeregt berichtete er: „Meiner Frau ging es gegen Abend sehr schlecht. Sie musste rasch ins Krankenhaus gebracht werden. Da ihr Arzt verreist war, assistierte ein Kollege. Genau um neun Uhr abends gebar sie einen Jungen. „Wie viel wiegt er", fragte Mildred. „Sieben Pfund, und dem Baby geht es gut", lautete die Antwort.

Akzeptiert man die Tatsache, dass ein Hund hellseherische Fähigkeiten besitzt, bleibt die Frage, warum der Hund genauere

Angaben als ein hellsehender Mensch machen kann. Vermutlich erhalten beide ihr Wissen aus derselben universalen Informationsquelle. Während der menschliche Verstand eine Hürde bildet und die Information verzerrt, gibt der Hund sie so, wie er kann, geradewegs weiter. Befand sich das immense Wissen um Vergangenheit, Gegenwart und Zukunft irgendwo im Schädel dieses Hundes? Wahrscheinlich nicht, dennoch war es ihm zugänglich. Missie stand in gewisser Weise im Einklang mit dieser Quelle, so dass sie als Durchlassgefäß diente.

Einmal wollte ein Vertreter Mildred eine mehrbändige Enzyklopädie verkaufen. „Ich habe bereits eine hier herumlaufen", meinte sie. „Was wollen sie wissen?" Der Vertreter spielte mit und stellte mehrere Fragen zum amerikanischen Bürgerkrieg. Das winzige Genie vor ihm antwortete, ohne zu zögern. „Ich glaube, Sie haben recht", wandte er sich an Mildred und packte kopfschüttelnd seine Sachen zusammen.

„Den Wissenschaftlern zufolge können Hunde nicht denken. Missie konnte es", meinte unsere Gastgeberin. In diesem Punkt konnten wir nicht widersprechen. Gebannt saßen wir auf dem Diwan. Der Hund Sissie sprang auf meinen Schoß und wollte spielen. Ich blickte in seine Augen und stellte mir für einen Moment vor, durch diese Fenster in eine jenseitige Welt zu schauen. „Sie besitzt keine hellseherischen Fähigkeiten", meinte ihre Besitzerin neben mir. Mein Erstaunen blieb. Ich warf den Ball, den Sissie im Maul hielt. Sie sprang von meinem Schoß.

„Missie wusste immer genau, wie spät es war", sprach die Stimme neben mir. „Ich pflegte sie nach der Uhrzeit zu fragen. Ohne auf die Uhr zu blicken, bellte sie die nächste volle Stunde. Fragte man sie, ob vor oder nach, gab sie die Minuten an."

„Wie haben sie den Hund trainiert?"

„Ich habe sie nicht trainiert. Missie tat es aus sich heraus, wie alles andere auch", meinte Mildred mit einer nachdrücklichen

Handbewegung. „Eine Freundin bastelte ihr eine Spieluhr mit beweglichen Zeigern. Manchmal schob sie diese auf die richtige Uhrzeit. Ein Kind dreht sie gewöhnlich in irgendeine Richtung, Missie hingegen immer im Uhrzeigersinn."

Mildred lehnte sich seufzend zurück. „Aber Missie war keine Heilige. Sie war nicht vollkommen. In gewisser Weise benahm sie sich wie ein kleines Kind. Es war seltsam. Einerseits war sie so wissend und weise und andererseits recht kindlich. Ich sage kindlich, weil sie sich eher wie ein verwöhntes Kind als wie ein Hund benahm.

Sie war eine Komödiantin, die gerne im Rampenlicht stand. Sie mochte die Menschen, selbst die Lastwagenfahrer, die hinter dem Haus hielten. Sie schaute aus dem Fenster und warf ihnen Küsse zu. Das Maul spitzend, schickte sie diese mit der Pfote fort. Sie bemühte sich tatsächlich zu küssen, nicht zu lecken, wie andere Hunde.

Sie konnte einen Wirbel veranstalten, wenn sie nicht bekam, was sie wollte. Gewöhnlich nahm ich sie in einer kleinen Tasche zum Einkaufen mit. Sie war still wie eine Kirchenmaus, bis sie etwas sah, was sie haben wollte, besonders wenn es rosa war. Es heißt, Hunde seien farbenblind, aber bei Missie musste alles rosa sein – Spielzeug, Blumen, Kleidungsstücke oder ihre Eiscreme. Kaufte ich nicht, was sie wollte, heulte sie und stieß mich. Zweimal hat sie etwas mitgehen lassen, leugnete aber, es in die Tasche gesteckt zu haben.

Kamen Besucher, rannte sie, ihr Sparschwein zu holen. Sie baute es vor ihnen auf und stupste auf seine Oberseite. Sie wollte Zehncent-Stücke haben, die sie benötigte, um rosa Eiscreme beim Eismann zu kaufen. Versuchten sie, etwas anders hineinzustecken, nahm sie das Schwein und rannte fort. Bekam sie ein Eis, wollte sie die Waffel zwischen den Pfoten halten, um es zu schlecken. Legte man es ihr in den Futternapf, ließ sie es liegen. Selbst als Baby wollte sie die Flasche mit den Pfoten halten. Sie besaß eine Dose mit rosa Schokolade. Hatte sie für jemanden etwas vorgeführt, erwartete sie von ihm ein Stück Schokolade. Sie nahm es aber nur von dieser Person. Einmal impfte sie der Tierarzt in ihr Hinterteil. Ebenso wie Menschen, die gerne über ihre Operation reden, machte Missie jeden auf ihre Wunde aufmerksam, indem sie mit dem Hinterteil vor ihnen hin und her wedelte."

Mildred blätterte in ihren Aufzeichnungen, die sich mit dem berühmten Hund befassten. Als sie eine bestimmte Notiz las, die sie an einen besonderen Moment erinnerte, waren wir für einen Augenblick vergessen. Sie blickte kurz auf und lächelte wehmütig. „Missie achtete genau auf zeitliche Abläufe und Gewohnheiten. Alles musste an seinem Platz sein. Ehe sie abends in ihrem rosa Schlafanzug zu Bett ging, mussten die Möbel an ihren gewohnten Platz stehen. Hatte jemand den Kaffeetisch verschoben, stieß sie mit ihren Pfoten dagegen, heulte „ooo-oo" und versuchte, ihn an seinen Platz zu schieben.

Ehe sie am Morgen aufstand, pflegte sie sich auf den Vorderpfoten nach vorne zu beugen. Dabei ließ sie einen Ton vernehmen, der einer Art Gesang glich und wie „Aum" klang. Jeden Morgen musste ihr ihre Perlenschnur umgelegt werden. Ihr Morgengeschäft verrichtete sie im Badezimmer. Sie bestand darauf, dass das Papier sofort entfernt wurde. Dann verlangte sie nach ihrer Jacke und ihrem Frühstück – Pfannkuchen oder Toast mit Butter. Keine Margarine, nimm sie weg! Sie nahm Müsli, musste aber gefüttert werden. Kein Hundenapf, bitte!

Beim Schlafengehen musste ein bestimmtes kleines Stofftier dabei sein, nicht irgendein Tier, sondern ihr Schlafhund. Er blieb immer im Bett. Missie ging sehr sorgsam mit ihrem Spielzeug um. Kaute ein Hund, der zu Besuch kam, auf einem ihrer Stoffhunde, nahm sie ihn mit ins Bett und säugte ihn. Hatte sie mit einem Spielzeug gespielt, legte sie es wieder an seinen Platz zurück.

Jeder neue Tag bedeutete für Missie ein Abenteuer. Für mich war es aufregend, denn ich wusste nicht, was sie als Nächstes im Schilde führte. Sie liebte es, mit der Rolltreppe oder Zug im Vergnügungspark zu fahren. Sie begnügte sich niemals mit nur einer Fahrt. Nach dem ersten Durchgang hob sie die Pfote und jaulte, bis man sie ein zweites Mal mitnahm. Erst danach gab sie sich zufrieden. Eines Tages bemerkte sie einen Jungen, der mit einem Reifen spielte. Sie rannte nach Hause, holte ihren Reifen heraus und versuchte, mit ihm zu spielen, wie sie es bei ihm gesehen hatte. Es war immer irgendetwas los. Einmal entdeckte sie in einem Geschäft einen aufgespießten Tierkopf. Ich musste sie hochheben. Sie küsste ihn und versuchte, den Rest des Tieres zu finden. Irgendjemand schenkte ihr einen Hula-Rock. Auf meine Frage, ob sie wisse, was ein Hula-Tanz sei, begann sie, auf ihren Hinterbeinen herumzuwirbeln, dass der Rock hochflatterte. Meines Wissens hatte sie einen solchen Tanz niemals zuvor gesehen, es sei denn im Fernsehen."

Mit Missies Ruhm wuchsen auch ihre Aktivitäten. Viele Menschen bezeugten ihre Fähigkeiten. Mildred Probert hatte sich um schriftliche und notarisierte eidesstattliche Erklärungen bemüht und erhielt zahlreiche Briefe. Einer wurde von Dennis Gallagher, einem Mitglied des Repräsentantenhauses von Colorado und jetzigen Senator, verfasst.

„Im September 1966 besuchte ich Frau Mildred Probert und ihren kleinen Boston-Terrier, My Wee Missie, die ihr Können vorführte.

Zu meiner Überraschung bellte der kleine Hund auf Nachfrage seitens Frau Probert fehlerfrei meine Sozialversicherungsnummer, meine Telefonnummer und Adresse sowie mein Geburtsdatum. Der Hund antwortete, ohne zu zögern und ohne irgendeinen Hinweis seitens seiner Besitzerin, die oben erwähnten Zahlen, von denen er keine Ahnung haben konnte. Angesichts dieser Fähigkeit bleibt mir nur, Shakespeare zu zitieren. In Hamlet heißt es: „Es gibt mehr Dinge zwischen Himmel und Erde, als eure Schulweisheit sich träumen lässt.""

Neben vielen anderen Dingen prophezeite Missie die weit verbreitete Anwendung neuer Arzneimittel, die Herzimplantation sowie die Entdeckung neuer Krebsarten und deren Heilmöglichkeiten während der Siebzigerjahre. Auf den Dollar genau sagte sie die Kosten für den Bau eines neuen Schulgebäudes voraus. Ein einziges Mal prophezeite sie den Tod eines Menschen, da Mildred derartige Fragen nicht mochte. Folgender Brief beschreibt diesen Fall:

„Im Februar 1965 besuchten wir unsere Nachbarin Mildred Probert. Sie ließ ihren kleinen Boston-Terrier, My Wee Missie, einige Fragen für uns beantworten. Sie bellte die Geburtsdaten unserer drei Töchter klar und deutlich. Sie gab die Anzahl der Buchstaben unserer Namen, die Tageszeit und ihre eigene Adresse, einschließlich Postleitzahl an.

Mein Mann setzte den Hund auf einen Stuhl, beugte sich über ihn und fragte: „Wie viele Monate werde ich noch leben?" Frau Probert protestierte. Sie wünschte nicht, dass ihr Hund den Zeitpunkt voraussagte, und warnte ihn, die Frage nicht zu beantworten.

Mein Mann bestand darauf. Er wartete auf eine Antwort und wollte den Hund nicht freigeben. (Er sagte, er fürchtete, nur noch wenige Monate zu leben.) Missie beantwortete seine Frage mit 25. Frau Probert warf rasch ein, dass es sich wahrscheinlich um fünfundzwanzig Jahre handelte.

Daraufhin fragte mein Mann den Hund: „Wie viele Jahre werde ich noch leben?" Missie antwortete sofort: „Zwei." Darauf mein Mann: „Kannst du mir das Datum, den Monat sagen?" Missie gab zur Antwort: „Vier." Er fragte: „Und der Tag" Sie entgegnete: „Drei, 1967."

Die Vorhersagen des Hundes trafen ein. Mein Mann starb am 3. April 1967. Der vierte Monat, der dritte Tag, fünfundzwanzig Monate (zwei Jahre) später. Alle Mitglieder unserer Familie haben Missie viele Male prophezeien erlebt." Der Brief ist unterzeichnet mit „Norma Kincaid Price."

Frau Kincaid hatte Mildred erzählt, dass der Arzt bei ihrem Mann Magenkrebs im Endstadium festgestellt und ihm höchstens drei oder vier Monate Lebensdauer gegeben hatte. Der Tod trat aber aufgrund einer durch einen Unfall verursachten Schussverletzung ein.

Missie prophezeite noch ein weiteres Mal den Tod, und zwar ihren eigenen.

An einem Tag im Mai 1966, wenige Tage vor ihrem elften Geburtstag, lenkte Missie Mildreds Aufmerksamkeit auf die Uhr. Sie bellte achtmal. Dies war aber nicht die richtige Uhrzeit. Mildred fragte nach der genauen Zeit. Der Hund gab sie richtig an, bellte aber kurz darauf erneut achtmal. Soweit sich Mildred erinnert, wiederholte der Hund dies an jenem Tag sieben Mal. Genau um acht Uhr starb Missie. Sie erstickte an einem Stück ihres Futters. Trotz allen Bemühens konnte sie nicht gerettet werden. Später entdeckte Mildred in einer Zimmerecke Missies Spieluhr. Die Zeiger standen auf acht Uhr.

Drei Wochen später hätte Missie in Hollywood in einem Walt Disney-Film die Hauptrolle spielen sollen. Alles war bereits vorbereitet, selbst ein öffentliches Bankett zu Ehren Missies. Die Dekorationen waren in Rosa gehalten.

„Sie alterte nicht. Als sie starb, glich sie einem Hundebaby. Die Leichenstarre trat erst sechsunddreißig Sunden nach ihrem Tod ein. Der Tierarzt fragte bei der Colorado School of Veterinary Medicine an, ob sie Missies Gehirn haben wollten. Man bejahte erfreut." Missie wurde zu Hause im Garten beerdigt und ihr Grab mit rosa Petunien bepflanz, die sie so sehr liebte. Obwohl es sich bei den Petunien um einjährige Pflanzen handelt, blühten sie trotz Minusgraden den ganzen Winter über. Das Grab blieb während des gesamten Jahres grün, wie uns die Fotos zeigten.

Es wurde still. In den alten viktorianischen Räumen klang noch das Echo vergangener Tage. „Mildred", meinte meine Frau, „Sie müssen das Buch beenden. Es hat uns allen etwas zu sagen."

Ich konnte nur zustimmend nicken.

4

Tiere im Laboratorium

Feldwebel Bill Johnson kehrte aus Vietnam zurück. Er wollte seine Familie überraschen und hoffte, am Donnerstag zu Hause in Newark, New Jersey zu sein. Aber seine Hündin Nellie wusste es besser. Irgendwie hatte sie seine Ankunft bereits am Mittwoch gespürt. In ausgelassener Freude tobte sie durchs Haus und trug persönliche Dinge des Soldaten zusammen, schleppte sie ins Wohnzimmer und wich nicht mehr von der Haustür, bis Johnson eintraf.

Diese wahre Geschichte ist kein Einzelfall. Ich erhielt Dutzende solcher Berichte. Man muss nur irgendjemandem erzählen, dem Postboten, Friseur oder Nachbarn, dass man an einem Buch über übersinnliche Kräfte von Tieren schreibt, und man kann sicher sein zu hören: „Lassen sie mich von einem Fall erzählen, der sich vor einigen Jahren ereignete. Meine Katze...“

Kürzlich musste auf meiner Fahrt nach Denver eine Reparatur an meinem Wagen durchgeführt werden. Auf dem Vordersitz lagen einige Bücher, die sich mit übersinnlichen Phänomenen befassen. Der Mechaniker fragte mich, ob ich an „solches Zeug“ glaube und fügte rasch hinzu, dass er selbst nicht viel davon hielt. Als ich versuchte, ihm von den Forschungen auf diesem Gebiet zu berichten, unterbrach er mich laufend mit Geschichten über seinen Labrador, der seine Gedanken lesen konnte, und ein Pferd, das sich jedes Mal versteckte, wenn einer aus der Familie im Sinn hatte, es zu reiten.

Es gibt unzählige Beweise für die übersinnlichen Fähigkeiten von Tieren: Haustiere, die spüren, wenn sich ihr Besitzer in Gefahr befindet oder stirbt, selbst wenn er sich meilenweit entfernt aufhält, Meisterstücke im Gedankenlesen, Voraussagen von Erdbeben, Stürmen und selbst Bombardierungen, Stunden vor ihrem Eintreffen; die Fähigkeit, auf der Suche nach dem verlorenen Herrchen einen Kontinent zu durchqueren, nach dem Tod ein früheres Herrchen vor Ungemach zu bewahren, sogar Hellsehen, wie im Fall von Missie. Es sind Berichte über Kräfte, die nur wenige von der sogenannten „überlegenen" Spezies auf diesem Planeten besitzen.

Vor einigen Jahren nahm unsere Nachbarin die Perserkatze ihrer Mutter, die den Sommer über Freunde in England besuchte, in Pflege. Die Katze hatte seit vier Jahren mit der älteren Dame in einem Appartement gewohnt und war in dieser Zeit höchstens ein oder zwei Tage von ihr getrennt gewesen. Kein Wunder, dass sie am Anfang recht aufgebracht war, da man sie zurückgelassen hatte. Doch bald gewöhnte sie sich an die neue Umgebung und schien recht zufrieden zu sein. Einen Monat nach der Abreise ihres Frauchens saß die Katze in einer Ecke des Wohnzimmers und miaute kläglich, weigerte sich zu fressen und lehnte jegliche Aufmerksamkeit ab. Am zweiten Tag heulte die Katze um die Mittagszeit laut auf. Kurz darauf erhielt unsere Nachbarin einen Anruf. Ihre Mutter war auf dem Weg ins Krankenhaus an einem Herzanfall gestorben.

Dies ist nicht schwieriger zu erklären als die Geschichte des siebenjährigen Beagles, der sich, schwer verwundet, zu einem zwei Meilen entfernt praktizierenden Tierarzt schleppte, an einen Ort, an dem er niemals zuvor gewesen war. Wie lässt sich erklären, dass ein Pferd die ihm gestellten Fragen richtig beantwortet, indem es mit seiner Nase auf das Alphabet tippt? Wie kommt es, dass ein Bernhardiner ein Flugzeug ausfindig macht, das meilenweit von jeglicher Zivilisation an einem Berghang tief im Schnee steckt? Wie erklärt es sich, dass ein mit einem Elektroenzephalogramm verbundenes Mutterkaninchen genau wusste, wann eines seiner Jungen meilenweit entfernt auf See getötet wurde? Solche Geschichten sind leicht zu finden, nicht aber deren Erklärung.

Eines allerdings ist offensichtlich. Ebenso wie Menschen, können auch Tiere vereinzelt über übersinnliche Kräfte verfügen. Einige Hunde bemerken die Rückkehr ihres Besitzers, andere nicht. Manche Haustiere können Gedanken lesen, anderen scheint diese Fähigkeit zu fehlen. Es gibt Tiere, die ihren Besitzer vor drohender Gefahr warnen, andere kümmern sich nicht darum. Menschen, denen die Erfahrung mit Tieren fehlt, kategorisieren die Mitglieder einer Spezies oder einer Rasse gerne nach Instinkt, Intelligenz oder Verhaltensmuster. Sie geben sich damit zufrieden, dass eine Katze eine Katze ist, von der bestimmte Eigenschaften erwartet werden. Tierliebhaber hingegen betonen immer wieder die Individualität eines Tieres. Bei Tieren spricht man von Instinkt, einem Begriff, der im Rahmen menschlicher Verhaltensweise wohl kaum angewendet wird. Was versteht man unter Instinkt? Die bloße Zuordnung ist wohl kaum eine Erklärung. Mit dieser Frage werden wir uns später befassen.

Wenden wir uns zunächst den wissenschaftlichen Bemühungen zu, das Phänomen der übersinnlichen Fähigkeit von Tieren zu erforschen. Auch Wissenschaftler haben Haustiere. Hinzu kommen die unzähligen Berichte von Tieren, die sich nicht immer den gängigen Erwartungen entsprechend verhalten, was einige aufmerksame Forscher veranlasste, die vier- sowie zweibeinigen Kreaturen eingehender zu betrachten. Die Ergebnisse waren äußerst aufschlussreich. Wenn alle Katzen – oder genauer alle weißen flauschigen Katzen – übersinnliche Fähigkeiten besäßen, gestaltete es sich leichter. Aber es gibt Katzen, die das Wetter von Morgen durch ihre Verhaltensweise voraussagen, während andere nichts spüren und hinaus in den Regen laufen. Solche individuellen Unterschiede bezüglich Intelligenz und Fähigkeit verbieten die simple Klassifikation von Gehirnstruktur, Nervensystem und Intellekt. Derartige Vergleiche sind wenig hilfreich. Die Tatsache, dass die übersinnliche Fähigkeit eines Schäferhundes die seiner ihn umgebenden Artgenossen und selbst seines Besitzers bei weitem überstieg, ließ die Wissenschaftler aufhorchen. Man beschloss, Laboruntersuchungen durchzuführen.

Die Tests werden in einem einfachen Umfeld durchgeführt, um eine Beeinflussung des Tieres möglichst gering zu halten. Andererseits versagt diese Vorgehensweise den Blick auf das natürliche Verhalten, was die Ergebnisse beeinträchtigt. Dennoch sind sie beachtlich.

Viele dieser Versuche geben dem Tier die Möglichkeit zu wählen. Man nimmt an, dass eine außersinnliche Wahrnehmung vorliegt, wenn die Kreatur eine gewisse Anzahl richtiger Entscheidungen trifft.

Man führte einen Versuch an jungen Katzen durch, die sich in einem T-förmigen Labyrinth befanden. Man hatte sie dahingehend trainiert, zu begreifen, dass jeder Balken des T zu verstecktem Futter führen konnte. Die Kätzchen mussten entscheiden, welcher Balken das Futter enthielt. Geruchsfaktoren wurden weitgehend ausgeschaltet, indem man den Geruch von ihnen wegblies.

Zuneigung und die Vermeidung von Ablenkung ließen die Kätzchen überdurchschnittliche Ergebnisse erzielen. Festgelegte Muster, wie jene, das Futter mehrmals hintereinander rechts oder links zu legen, schienen ihren Erfolg zu mindern.

Bei einigen Versuchen sollte die Vorhersage bestimmt werden. Die zur Belohnung führende Möglichkeit wurde erst festgelegt, nachdem das Tier seine Wahl getroffen hatte. Man fand heraus, dass Ratten und Mäuse bei zwei Möglichkeiten im Voraus wussten, welche willkürlich bestimmt werden würde.

Bei einer anderen Studie untersuchte man Wüstenspringmäuse und Hamster. Das Tier wird in einen kleinen, in zwei Hälften unterteilten Käfig gesetzt. Die dazwischenliegende Barriere kann übersprungen werden. Etwa einmal in der Minute wird abwechselnd ein kurzer, leichter Elektroschock im Boden der einen oder anderen Seite ausgelöst. Vermutlich konzentriert sich das Tier darauf, welche Seite elektrisiert wird, um auf die andere springen zu können. Die Positionen des Tieres werden elektronisch aufgezeichnet und die Daten automatisch bearbeitet. In mehr als zwanzig Testlaufserien, deren Anordnung nur geringfügig abgeändert wurde, kam es kaum zu Fehlentscheidungen.

Man führte Studien durch, die ermitteln sollten, ob Tiere psychokinetische Fähigkeiten besitzen, ob sie also in der Lage sind, Materie mental zu manipulieren. Es wurde eine Versuchsanordnung entwickelt, bei der das Umfeld des Tieres, wie die Hitze einer Lampe oder eine über einem Gitter ausgelöste Schockwirkung, zu einem wesentlichen Teil durch einen Zufallsgenerator reguliert wird, der in bestimmten Zeitabständen den Impuls ein- oder ausschaltet. Man ging von der Hypothese aus, dass ein Tier mit psychokinetischen Fähigkeiten den Generator dahingehend beeinflusst, das Umfeld angenehm zu halten. Man stellte fest, dass in einer kalten Umgebung die Lampe, die einer Katze Wärme spenden konnte, häufiger brannte als erwartet.

Bei einer ähnlichen Studie fand man heraus, dass Lampen, die Küken und befruchtete Hühnereier in einem kalten Raum wärmten, unerwartet häufig brannten. War der Raum warm genug oder wurden gekochte Eier genommen, war dies nicht der Fall.

In New Jersey führte man kürzlich ein interessantes Experiment mit Hunden durch. Zu diesem Zweck baute man zwei schalldichte Räume aus Kupfer, die nicht vibrierten. Bei einem der Tests sollte der Besitzer zweier Jagdhunde in einem der Räume mit einem Luftgewehr auf die Bilder von Tieren schießen, die er kürzlich gejagt hatte. Seine beiden Hunde befanden sich in dem anderen Raum. Durch ein verstecktes Guckloch konnte man sie beobachten.

Als der Jäger auf das Bild einer Wildkatze schoss, rannten die Hunde wild und aufgeregt in ihrem Raum umher. Der Projektleiter berichtete, dass sie sich ebenso aufgeregt gebärdeten, als ihr Besitzer auf die anderen Bilder schoss.

Bei einem weiteren Experiment schloss man einen Boxer an einen Elektrokardiographen an. Seine Besitzerin hielt sich in einem anderen Raum auf. Ohne sie vorher zu warnen, stürmte ein Mann in das Zimmer, beschimpfte und bedrohte sie. Sie fürchtete sich. Ihr Hund in dem schallsicheren Nebenraum muss gespürt haben, dass sein Frauchen in Gefahr schwebte, denn sein Herzschlag stieg augenblicklich an.

Ein anderes Experiment mit einer Mutterhündin und ihrem Jungen gab Aufschluss über die telepathische Verbindung zwischen Tieren. Beide Hunde waren trainiert worden, sich niederzukauern, wenn ein gerolltes Stück Papier aufgehoben wurde. Man brachte die Hunde in getrennte Räume. Den Kleinen bedrohte man mit einer hochgehobenen zusammengerollten Zeitung. Er kauerte sich sofort hin. Im selben Augenblick kauerte sich in dem anderen Zimmer seine Mutter ebenfalls nieder.

In einem Zeitungsinterview wies der Projektleiter darauf hin, dass die Tests eindeutig bewiesen hätten, dass manche Hunde über telepathische Fähigkeiten verfügten. „Ich zweifle nicht im Geringsten daran, dass einige Hunde, vor allem jene mit einer engen Beziehung zu ihrem Eigentümer, hochentwickelte telepathische Fähigkeiten besitzen. Ich bin sicher, dass diese starke Kraft den Schlüssel für das Verständnis übersinnlicher Fähigkeiten des Menschen birgt.

1971 wurden Experimente durchgeführt, die sich mit der Beziehung zwischen Mensch und Tier befassten. Man wählte zwölf Personen, die nachweislich übersinnliche Fähigkeiten besaßen. Sie sollten erreichen, dass gewisse Mäuse rascher aus der Betäubung erwachten als eine Kontrollgruppe.

Mäusepaare desselben Wurfs, Geschlechts und derselben Größe wurden gleichzeitig betäubt, in einen Plastikbehälter gesetzt und jeweils einer Person gebracht. Aus einer gewissen Entfernung versuchte diese, ihre Maus aufzuwecken.

Es gab drei verschiedene Versuchsanordnungen: (1) Person und Maus befanden sich in dem einen und die Kontrollmaus in einem anderen Raum. (2) Die Person befand sich mit beiden Mäusen in einem Raum. (3) Die beiden Mäuse befanden sich in einem Raum, während die Person in einem anderen Raum saß und sie durch ein einseitiges Fenster beobachtete. Im Gegensatz zu den Kontrollmäusen benötigten die Versuchsmäuse nur 87% der Aufwachzeit.

Bei einer anderen Versuchsreihe bemühte man sich, Wüstenmäuse positiv zu motivieren. Nach einer Periode mäßigen Nahrungsentzugs gab man den Tieren die Möglichkeit, auf eine von zwei Tasten zu drücken, von denen eine zu Futter führte. Die Tasten wurden von einem Computer nach dem Zufallsprinzip ausgetauscht. Das Tier durfte wählen, wann es mochte. Wahrscheinlich sind Tiere nur in der Lage, bestimmte Zeitabstände vorauszusehen. Der Vorteil dieser Versuchsanordnung bestand darin, dass es diese Zeit voll ausnutzen konnte. Hatte es gewählt, schlug sich dies nur auf dem Papierstreifen im Rechner nieder. Da dieser Streifen noch nicht durch den Streifenleser gelaufen war, wirkte sich das Ergebnis nicht auf die Elektronenlogik aus. Da die anwesenden Personen nicht wussten, welche Taste die richtige war, konnten sie dem Tier keinen Hinweis geben. Sie hatten keinen Einblick in den Streifenleser. Abgesehen von einigen Unebenheiten der Versuchsreihe, gelang den Tieren eine deutlich höhere Anzahl an Treffern

(55%) als erwartet. Verschiedene Tiere erreichten unterschiedliche Erfolgsstufen.

In den vergangenen Jahren wurde das Geheimnis um die Verhaltensweise von Tieren weitgehend gelüftet. Die Echoorientierung bei Fledermäusen, die Funktion der Laterallinie in Fischen und das elektrisierende Moment, mit dem Fische ihre Beute ausfindig machen, wurden früher als übersinnliche Fähigkeiten eingestuft, weil man noch nichts darüber wusste.

Andererseits gibt es Verhaltensweisen, die tatsächlich als übersinnliche Wahrnehmung bezeichnet werden können. Das Tier spürt Ereignisse, Gegebenheiten und dergleichen, was nach unserem augenblicklichen Wissensstand nicht in den Bereich der fünf Sinne fällt. Es gibt bislang keinen Hinweis darauf, dass sich die außersinnliche Wahrnehmung eines Tieres von der des Menschen unterscheidet. Je umfangreicher unsere Kenntnisse auf diesem Gebiet, desto wahrscheinlicher werden wir sie auf Mensch und Tier anwenden können. Sollte das Bewusstsein kein chemisch-mechanischer Prozess des Körpers und nicht durch seine Raum-Zeit-Struktur begrenzt sein, liegt die Erklärung für PSI-Kräfte nicht im Bereich von Gehirn und Nervensystem, sondern auf einer anderen Ebene. Dies würde bedeuten, dass mögliche Unterschiede paranormaler Fähigkeiten von Tier oder Mensch nicht über die unterschiedlichen physischen Systeme gefunden werden können.

Ein anderer Untersuchungsbereich befasst sich mit der Fähigkeit von Tieren, ihren Heimweg zu finden. Zu diesem Zweck trägt man eine Brieftaube in einem geschlossenen Container meilenweit von ihrem Standort fort und lässt sie dann frei. Es wird angenommen, dass sie sich Stern- und Sonnenpositionen, geomagnetische Felder und dergleichen bei ihrem Rückflug zunutze macht. Dies erklärt allerdings nicht, wie Tiere ein ihnen unbekanntes Ziel erreichen.

Mit Hilfe seiner übersinnlichen Fähigkeiten vermag ein Tier einen Ort zu finden, den es niemals zuvor sah. Ein berühmtes

Beispiel hierfür ist Bobbie, eine Collie-Hündin, die mit ihrer Familie von Ohio nach Oregon, in ein neues, fremdes Zuhause reiste. Während eines Aufenthalts in Indiana lief der Hund fort. Man suchte vergebens nach ihm und gab schließlich auf.

Etwa drei Monate später stand eine abgemagerte und recht mitgenommene Bobbie an der Tür des neuen Heims in Oregon. Anhand seines Halsbandes und verschiedener Flecken und Narben konnte der Hund eindeutig identifiziert werden. Ein Mann las in der Zeitung von Bobbies Reise und beschloss, sie von Indiana bis Oregon nachzuverfolgen. Er setzte Anzeigen in Zeitungen, die an Orten erschienen, in denen das Tier möglicherweise gesehen wurde. Es meldeten sich einige Leute, die angaben, sich eine Zeit lang um einen Collie gekümmert zu haben, auf den die Beschreibung Bobbies passte. Der Weg wurde auf einer Karte nachgezeichnet. Es stellte sich heraus, dass der Hund fast geradewegs und ohne nennenswerte Umwege seinem Ziel entgegengelaufen war.

Zwei Forscher begutachteten vierundfünfzig solcher Fälle, die bestimmte Kriterien erfüllten: Darunter die Zuverlässigkeit der Informationsquelle, die eindeutige Identifizierung des Tieres und dergleichen. Der Fall musste in sich selbst schlüssig sein und von unabhängigen Zeugen bestätigt werden. Auch musste das Tier untersucht werden können. Bei vier Fällen handelte es sich um Vögel, bei den übrigen um Hunde oder Katzen. In fünfundzwanzig Fällen wurden mehr als dreißig Meilen zurückgelegt. Trotz der geringen Anzahl der Fälle untermauert das Ergebnis die These, dass es Tiere mit übersinnlichen Fähigkeiten gibt.

Ein anderer Untersuchungsbereich paranormaler Wahrnehmung befasst sich mit Erscheinungen sowie geheimnisvollen Orten. Es gibt zahlreiche Berichte über Hunde, die beim Tod einer Person heulen. Mit der Fähigkeit von Tieren, Geister, entkörperte Wesen und dergleichen wahrzunehmen, werden wir uns in einem späteren Kapitel beschäftigen. An dieser Stelle sei erwähnt, dass

Forscher die Meinung vertreten, dass Hunde, Katzen oder andere Tiere weitaus sensibler reagieren als Menschen. Man hat mehrere Bücher darüber verfasst. In einem Fall brachte man einen Hund, eine Katze, eine Ratte und eine Klapperschlange in ein Haus, in dem es angeblich spukte. In den beiden betroffenen Räumen waren Morde begangen worden. Während die Ratte völlig unberührt blieb, reagierten die drei übrigen Tiere so, als würden sie bedroht. In den anderen Räumen des Hauses verhielten sie sich alle vier unauffällig. Betraten Menschen jene beiden Zimmer mit den „schlechten Schwingungen", berichteten sie von einem Temperaturabfall, obwohl das Thermometer keinen Hinweis darauf gab.

Die „Foundation for Psychical Research" hat Studien durchgeführt, bei denen Tiere, wie Wüstenmäuse, Hunde, Hamster und Katzen, bei „Out-of-Body" Experimenten (OOBE) eingesetzt wurden. Man stellte fest, dass eine Katze, deren Besitzer man auf OOBE getestet hatte, in der Zeit, in der er sie „besuchte", vollkommen entspannte. Diese Ruhezeit stimmte mit dem Zeitraum überein, die der Besitzer angab, sie besucht zu haben.

Einige Studien haben sich mit Tieren befasst, die einen ungewöhnlichen Intelligenzgrad aufwiesen. Gelegentlich findet sich in dem einen oder anderen Land ein Tier, das Arithmetik beherrscht oder sinnvolle Sätze von sich gibt. In den meisten Fällen handelt es sich um Hunde oder Pferde, die man gelehrt hat, auf Gesten oder Worte zu reagieren. Sie stoßen mit der Schnauze auf Buchstaben- und Zahlenreihen oder scharren. Hunde bellen. Das bekannteste Pferd dieser Art war wohl das deutsche Pferd „Kluger Hans". Es verblüffte Zuschauer und Wissenschaftler gleichermaßen. Schließlich fand man heraus, dass es jemanden in seiner Nähe benötigte, der die richtige Antwort wusste. Das Pferd beobachtete sein Umfeld so genau, dass ihm allein die Kopfstellung der Beobachter einen Hinweis gab. Scharrte es seine Antwort, beugten sich die Anwesenden vor, um besser sehen zu können.

Hatte es genug gescharrt, lehnten sich jene, die die richtige Antwort kannten, unbewusst zurück und bedeuteten dem Pferd auf diese Weise, dass es aufhören konnte zu scharren. Ohne einen solchen Hinweis scharrte Hans weiter, bis er müde wurde oder ein anderes Zeichen erhielt.

An anderer Stelle werden wir auf solche ungewöhnlichen Tiere und ihre Kunststücke näher eingehen und unsere Theorie über die Intelligenz von Tieren revidieren müssen. Missie, der hellsichtige Terrier, stellt uns vor zahlreiche Fragen. Das Gleiche gilt für den Gedankenaustausch von Kimball und Lydecker mit ihren vierbeinigen Gesprächspartnern.

Lady, ein Elberfeld-Pferd, schien übersinnliche Fähigkeiten zu besitzen. Später stellte sich jedoch heraus, dass das Pferd sie nur dann zeigte, wenn es sich auf einen Fingerzeig stützen konnte. Eines der am gründlichsten untersuchten Tiere war der Hund Chris. Er antwortete auf verbale Fragen, indem er mit seiner Pfote die richtige Antwort auf den Unterarm seines Besitzers klopfte. Dieser hatte den Hund gelehrt herauszufinden, welche von fünf gängigen ASW-Symbolkarten sich in undurchsichtigen Umschlägen verbarg. Für den Kreis klopfte Chris einmal, zweimal für das Kreuz und so fort. Es gelang ihm, fast alle fünfundzwanzig Karten eines Spiels zu bestimmen. Niemand kannte die Reihenfolge der Karten, was die Möglichkeit ausschloss, den Hund telepathisch zu beeinflussen.

Eine Wiederholung ergab allerdings, dass Chris weit unter der zu erwartenden Zufallsberechnung lag, was häufig bei menschlichen Versuchspersonen beobachtet wird. Man vermutet, dass dies auf negative psychologische Faktoren zurückzuführen ist. Manche Forscher betrachten dieses Phänomen als Argument dafür, dass sich die übersinnlichen Fähigkeiten bei Mensch und Tier gleichen oder sogar identisch sind. Andere wiederum geben sich damit zufrieden, dass Tiere von ihren Besitzern telepathisch beeinflusst werden können, wenn dies auch oft unbewusst geschieht. In jedem Falle müsste das Tier auf telepathische Hinweise reagieren.

Nach Rhine gibt es mehrere Möglichkeiten übersinnlicher Kommunikation zwischen Mensch und Tier. Reaktion auf Unbehagen oder sogar den Tod des weit entfernten Besitzers, Antizipation eines positiven Geschehens, wie die Rückkehr des Besitzers nach langer Abwesenheit, oder die Reaktion auf eine unmittelbar drohende Gefahr, die das Tier selbst oder seinen Besitzer betrifft.

Ein Hund, den der Tierarzt bei sich aufgenommen hatte, während die Besitzer in Florida weilten, begann eines Morgens, gegen zehn Uhr, fürchterlich zu heulen. Eine Untersuchung des Tieres ergab, dass ihm nichts fehlte. Als die Besitzer später von dem Vorfall hörten, erzählten sie, dass sie sich genau zu diesem Zeitpunkt wegen einer Flut auf das Dach ihres Wagens retteten und gegen elf Uhr befreit wurden.

Man fragt sich, ob Menschen das Verhalten von Tieren in einer Weise beeinflussen, ihnen sozusagen aufzwingen können, dass sie bestimmte Male bellen, sich in die eine oder andere Richtung wenden und dergleichen. Es wurden Versuche an unterschiedlichen Tieren durchgeführt, von der Fledermaus bis zur Schmetterlingslarve, die ergaben, dass sich irgendetwas abspielen muss. Einige Forscher sprechen von psychokinetischen Kräften des Menschen, während andere behaupten, dass die Ergebnisse eindeutig auf übersinnliche Fähigkeiten bei Tieren schließen lassen. Für den Moment wollen wir beide Aussagen als solche stehen lassen, denn woher wollen wir wissen, ob nicht das Tier uns in eine bestimmte Richtung drehen lassen will oder uns telepathisch mitteilt, wann Essenszeit ist? In einem Artikel heißt es: „Aus den Berichten und Experimenten folgt, dass die Wahrscheinlichkeit übersinnlicher Fähigkeiten bei einer anderen Spezies als unserer hoch ist. Die Versuchsergebnisse bei Tieren zeigten sich zumindest ebenso positiv und konsistent wie bei Menschen. Gegenbeweise (PSI beim Forscher selbst usw.) lassen sich nur schlüssig widerlegen, wenn alle Gegebenheiten im Rahmen der Experimente genau untersucht werden."

Weiter heißt es: „Es wurden ausreichend Beweise für übersinnliche Fähigkeiten bei Tieren gefunden, die den Schluss zulassen, dass PSI offensichtlich nicht aus der letzten Evolutionsstufe hervorgeht."

Andere Schlussfolgerungen sind ebenfalls möglich. Es scheint eine Wahrnehmung zu geben, die jenseits der sogenannten normalen Sinne liegt. Sie bringt das Subjekt nicht nur in Kontakt mit seiner unmittelbaren Umgebung, sondern ebenfalls mit entfernten Dingen und Ereignissen. Diese Wahrnehmung wird möglicherweise nicht nur von Mensch und Tier, sondern von allen Lebewesen geteilt. Sollte dies der Fall sein, dann wird jede Lebensform von einem universellen und vereinenden Bewusstsein eingehüllt. Dann steht alles mit allem in Beziehung, und jede noch so geringe Lebensform wird in irgendeinem geringen Ausmaß alles berühren und beeinflussen.

5

Tiere und Pyramiden

Wann die Pyramiden in Gizeh erbaut wurden, weiß niemand genau. Sie sind die einzigen Zeugen einer einst großen Zivilisation, die im Wüstensand oder sogar in den Wogen des Atlantik versunken ist.

Haben Sklaven sie erbaut, die gezwungen wurden, einigen ruhmsüchtigen Königen ein Denkmal zu setzen, oder handelt es sich um Schöpfungen außerirdischer Giganten, um auf der Erde die Weisheit des Universums zu entfachen? Wer? Warum? Wie? Wann?

Solche Fragen können allenfalls mit Vermutungen beantwortet werden. Seit Jahrhunderten bemühen sich die Menschen, das Rätsel dieser Welt zu lösen. Aber jeder Erklärungsversuch muss früher oder später einer neuen Theorie weichen. Der menschliche Geist hat noch nicht jene Ebene erreicht, auf der er alles zu begreifen vermag. Der Traum bleibt, immer mehr entdecken zu dürfen.

Neben den Pyramiden erhebt sich die Sphinx, schweigende Schildwache vergangener Paraden. Ein rätselhaftes Lächeln umspielt ihre Lippen, nicht erstarrt im Stein, sondern im Schweigen. Halb Tier, halb Mensch, halb Gott – vielleicht ein Symbol für die Seele auf ihrem Weg zu Gott? Ein Tier, das sich zu einem Gott entwickelt? Wir sinnen nach und erfreuen uns mehr an der Poesie als an unseren Experimenten, denn der Mensch ist auch Mystiker. Vielleicht war er Mystiker, ehe er Mensch wurde. Sich wie auf

Adlers Schwingen emporzuheben oder an einer Bergspalte dem Flüstern der Natur zu lauschen, wie nahe ist man dann der Wirklichkeit?

Wir sind uns des Ursprungs unserer Entdeckungen nicht immer sicher. Stammen sie aus unserer lange vergessenen Vergangenheit? Sind sie ein Produkt unseres Verstandes, oder handelt es sich um Inspirationen jener Augenblicke, in denen wir das Göttliche berührten? Jede Frage wird irgendwann Früchte tragen. Obwohl sie nicht von Dauer sein mögen, dienen sie als Grundlage für den nächsten Schritt. Antoine Bovis hielt bei der Sphinx inne, ehe er seinen Weg zur großen Pyramide fortsetzte. Als er die Königskammer betrat, sann er noch über die seltsame Kombination von Mensch und Tier nach. Vielleicht ließ ihn dieser Gedanke in der Ecke des Raumes ein kleines totes Tier entdecken. Überrascht stellte er fest, dass dieses Tier, obwohl offensichtlich schon lange tot, nicht verwest, sondern mumifiziert war.

Bovis ahnte, dass eines der Geheimnisse in der Form der Pyramide liegen musste, die das umgebende Energiefeld in einer Weise zu verändern schien, dass das Tier nicht zerfiel, sondern austrocknete. Nach seiner Rückkehr in Frankreich überprüfte er diese Hypothese. Dem Grundriss der großen Pyramide entsprechend, konstruierte er Modelle und richtete sie ebenfalls in Nord-Süd-Richtung aus. Tote Tiere, die er an einer Stelle hineinlegte, die in etwa der Lage der Königskammer entsprach, unterzogen sich einem Mumifizierungsprozess.

Der tschechische Radioingenieur Karl Drbal wurde auf seine Studien aufmerksam. Da er sich für Wellenbereiche, Kristalle und dergleichen interessierte, beschäftigte ihn die Frage, inwieweit der Pyramidenraum Metallstrukturen beeinflussen konnte, und er stellte fest, dass Rasierklingen ihre Schärfe zurückgewannen, wenn man sie in das Pyramidenmodell legte. Auf der Suche nach neuen wissenschaftlichen Erkenntnissen stießen zwei amerikanische Reporter auf seine patentierten Pyramiden, die dem Schärfen von Rasierklingen dienten. Sie erwähnten die Pyramiden-Experimente in ihrem Buch *Psychic Discoveries Behind the Iron Curtain*, was in Amerika und einigen anderen Ländern geradezu eine Pyramiden-Euphorie auslöste. Als Forscher, vom Hobbybastler bis zum Wissenschaftler, entdeckten, dass innerhalb der Pyramide tatsächlich unübliche Dinge geschahen, stieg das Interesse.

Vielleicht opferte sich das kleine Tier in der Großen Pyramide, um die Aufmerksamkeit der Menschen auf neue Dimensionen von Energiefeldern zu lenken. Es hat immer wieder Tiere gegeben, die sich bewusst oder unbewusst auf den wissenschaftlichen Altären des Menschen geopfert haben. Ohne ihren Beitrag hätte die Wissenschaft wohl kaum ihren heutigen Stand erreicht.

Ed Pettit und ich gehörten zu jenen, die von dem Pyramiden-Bazillus befallen wurden. Vier Jahre lang experimentierten wir unter einer Vielzahl von Gegebenheiten mit Hunderten von Pflanzen, Flüssigkeiten und Stoffen, Pyramiden unterschiedlicher Größe und verschiedenen Materials. Tiere spielten dabei eine wesentliche Rolle. Sie waren richtungsweisend für neue Überlegungen und sich entfaltende Arbeitshypothesen.

Eine weibliche Wüstenmaus bereitete den Weg für zahlreiche Experimente. Zunächst bewiesen wir, dass Rasierklingen innerhalb der Pyramide tatsächlich scharf wurden. Dann stellten wir fest, dass Obst, Gemüse, Fisch, Eier, Milch und andere Produkte in den Pyramiden nichts von ihrer Frische verloren. Schließlich beschlossen wir, das kleine Tier in die Pyramide zu setzen, um zu sehen, was passierte. Wir hatten dabei kein besonderes Ziel vor Augen, wir waren nur neugierig. Die Ergebnisse machten uns stutzig. Waren wir geleitet worden oder hatten uns unsere eigenen Überlegungen geführt?

Die Wüstenmaus war quietschvergnügt. Niemals zuvor hatte sie eine solch überschäumende Freude gezeigt. Das Tier fraß besser, wuchs ein wenig, obwohl bereits ausgewachsen, und entwickelte bald ein üppiges Fell. Auffallend war seine Gelassenheit. Nichts schien es aufzuregen. Neu war seine Reinlichkeit. Es säuberte den Käfig, richtete sein Nest sorgsam in einer Ecke ein und streute nicht, wie früher, alles umher. Als man den Käfig aus der Pyramide entfernte, wurde es unruhig, fraß nicht mehr und wurde liederlich. Zurück in der Pyramide, wurde die Wüstenmaus wieder vergnügt.

Eines Tages verletzte sie sich an ihrem Käfig. Die klaffende Wunde lag so dicht am Auge, dass wir befürchteten, das Auge sei verloren. Wir behandelten die Verletzung nicht, sondern setzten das Tier nur in die Pyramide. Die Wunde verheilte sehr rasch, ohne eine Narbe zu hinterlassen.

Unsere Experimente mit der Wüstenmaus ermutigten uns, so große Pyramiden zu bauen, dass Menschen darin sitzen, meditieren und sogar schlafen konnten. Es eröffnete sich uns ein völlig neues Feld. Unsere Versuche mit den kleinen Pyramiden hatten bereits einige aufregende Ergebnisse geliefert. Die größeren boten die Möglichkeit, uns selbst und andere zu testen. Unsere Experimente, über die in Radio- und Fernsehinterviews berichtet wurde, machten Schule. Einige Interessenten bauten noch größere Pyramiden. Es kam zu einem regen Erfahrungsaustausch.

Innerhalb der Pyramide fühlten sich die Leute ausgeglichen und ruhig, den Zerstreuungen der Außenwelt in angenehmer Weise entrückt und von ihr getrennt, obwohl nur eine Plastik- oder Sperrholzwand dazwischen lag. Sie fanden rascher in die Meditation und vermochten länger darin zu verweilen. Sie spürten eine Art geistige Gegenwart, die sich kaum beschreiben ließ, da sie sich nicht wie ein Geistwesen oder eine unsichtbare Person anfühlte, sondern eher einer wohltuenden, umsorgenden Kraft glich. Ärger und Probleme, die mit in die Pyramide genommen wurden, lösten sich bald auf. Ein Proband berichtete, dass er sich bemüht hatte, die Feindseligkeit, die er einer bestimmten Person gegenüber hegte, aufrechtzuerhalten. Es gelang ihm nicht. Eine Frau gab an, ihre Depression über die Niedertracht der Welt mit in die Pyramide genommen und diese eine Stunde später voller Hoffnung und sogar Optimismus wieder verlassen zu haben,

Unsere fröhliche Wüstenmaus hatte vielen Menschen zur Zufriedenheit verholfen. Selbst diejenigen, die unter Klaustrophobie litten, fühlten sich in der Pyramide wohl. Man entdeckte Freude am Alltagsleben, sang und war fröhlich. Riesige Probleme wurden zu überwindbaren Unannehmlichkeiten. In zahlreichen Anrufen und Briefen erfuhren wir, dass Menschen ihr inneres Gleichgewicht gefunden oder ihr Leben wieder auf die Reihe gebracht hatten. Der erstaunlichste Aspekt unserer Experimente zeigte sich in den Heilungsprozessen. Ed Pettit hatte sich mit dem Handwerkszeug zweimal eine ernsthafte Verletzung zugezogen. Beim zweiten Mal befürchtete der Arzt, dass er das Endglied von zwei Fingern seiner rechten Hand verlieren werde. Da Ed beim ersten Mal in der Pyramide geheilt worden war, glaubte er fest daran, dass es auch dieses Mal gelang. Die Finger wurden gerettet. Obwohl nicht nachgewiesen werden konnte, dass die Pyramide die Heilung bewirkte, gab uns der verwunderte Arzt eine signierte Stellungnahme für unser Buch.

Später erreichten uns von zahlreichen Leuten Berichte über ähnliche Erfahrungen. Wir können die Pyramide zwar nicht als Heilmittel anpreisen, wohl aber von den zahlreichen Erfahrungen berichten: Schnittwunden, Quetschungen, gebrochene Knochen und so fort wurden in kürzester Zeit geheilt; Narben verschwanden; Arthritis und Rheuma wurden gelindert; Kopfschmerzen und Geschwüre verloren sich und Hautprobleme verblassten.

Wirken Pyramiden Wunder? Wir wissen es nicht. Wir haben viele Fragen gestellt im Hinblick auf Energiefelder, Glaubenssysteme, positives Denken, Suggestion (obgleich viele Korrespondenten sich der Heilerfolge anderer nicht bewusst waren), elektromagnetische Felder und dergleichen. Eine Weile dachten wir darüber nach, ob nicht psychosomatische Faktoren bei den Ergebnissen eine Rolle spielten, was wenig mit organischen Systemen gemein hat. Das Experiment mit der Wüstenmaus gewann eine neue Bedeutung.

Die offensichtlichen Heilerfolge konnten nicht rein psychosomatischer Natur sein, wenn die ungewöhnliche Heilung der kleinen Kreatur überhaupt eine Bedeutung besaß. Diese Frage stellte sich, als wir bemerkten, dass sich Eds Hund bereits seit mehreren Wochen freiwillig täglich eine Zeit lang draußen in der Pyramide aufhielt und weniger hinkte. Er freute sich wieder am Ballspiel, was er seit über einem Jahr abgelehnt hatte. In Briefen und Telefonanrufen, die meistens begannen mit: „Lassen sie mich erzählen, was die Pyramide für unser Haustier getan hat", bestätigte man unsere Beobachtungen.

Die meisten schienen große Pyramiden für ihre eigenen Bedürfnisse gebaut zu haben. Später stellten sie fest, dass ihre Hunde, Katzen, Kaninchen, Eichhörnchen, Papageien und andere Tiere sich wie durch eine geheimnisvolle Kraft zu der Pyramide hingezogen fühlten. Welche Botschaft die Tiere auch erhalten haben mögen, ihre Beschwerden wurden gemildert, sie wurden lebhafter, Haut und Fell verbesserten sich, und sie machten einen zufriedenen Eindruck.

Warum fühlten sich die Tiere von der Pyramide angezogen? Vermutlich empfanden sie, ebenso wie die Menschen, Ruhe, Frieden und Kraft. Tiere schwingen stärker im Einklang mit der Natur als der Mensch und reagieren feinfühlig auf das, was ihnen gut tut oder schadet. Ist ihr Körper aus dem Gleichgewicht geraten, kauen sie Gräser und Kräuter, und fasten, wenn sie krank sind. Die meisten einfachen Heilmittel entdeckte man durch die Beobachtung von Tieren, die bei gewissen Beschwerden bestimmte Kräuter fraßen. Der Mensch probierte die Pflanze aus und entwickelte auf diese Weise im Laufe der Jahrhunderte ihren Heilmittelschatz.

Aufgrund ihres angeborenen Instinkts wählen die Tiere, was ihnen gut tut. Wissen sie um die Heilkraft der Pyramide? Wir können es nicht beurteilen, aber irgendetwas zieht sie an. Sie verzichten auf ihren üblichen Ruheplatz zugunsten der Pyramide. Ist sie geschlossen, lassen sie sich oft in ihrer Nähe nieder. Einen entflogenen Papagei fand man Stunden später fünf Häuserblocks von seinem Zuhause entfernt auf der Spitze einer Holzpyramide sitzen.

Nach Kerrel und Goggin bevorzugen Tiere Wasser, das in Pyramiden aufbewahrt wird. Sie berichten von ihrem Kater, der eilends die Pyramide aufsucht, wenn er sich im Kampf verletzt hat und diese erst nach etwa vierundzwanzig Stunden verlässt. „Selbst tiefe Wunden scheinen während dieser Sitzungen ungewöhnlich rasch zu heilen", erläutern sie.

Kerrel und Goggin untersuchten die Lebensspanne von Seekrabben in Pyramiden und verglichen sie mit normal lebenden Krabben. „Wir brüteten mindestens ein Dutzend Partien dieser Tiere aus und achteten darauf, dass die Brut unter der Pyramide und die Kontrollgruppe in möglichst gleicher Umgebung lebten. Wir stellten fest, dass das Pyramidenwasser und eine Pyramide über dem Testtank die Lebensspanne erheblich verlängern können." Die Kontrollgruppen existierten maximal sieben Wochen, während die Krabben unter der Pyramide noch nach einem Jahr lebten.

Der Psychologiestudent Tom Garrett aus Oklahoma City stellte vier Plastikpyramiden in sein Aquarium und beobachtete, dass seine exotischen Fische sichtlich aufblühten, sich stärker vermehrten und an Größe zunahmen. Es haftete kein Schmutzfilm mehr an den Wänden des Behälters und auf dem Kies am Boden. Das Wasser wurde kristallklar und blieb monatelang frisch. Garrett konnte auf das Filtersystem verzichten. Ed Pettit wiederholte das Experiment und erzielte ähnliche Ergebnisse. Als er jedoch eine Plastikpyramide mit der Spitze nach unten in das Aquarium setzte, begannen die Fische zu sterben. Er entfernte die Pyramide, und es starben keine weiteren Fische. Eine Wiederholung des Experiments erbrachte dasselbe Ergebnis. Bislang lässt sich nur vermuten, dass sich das erzeugte Energiefeld zu stark auf die Fische auswirkte oder ein anderer Faktor zu einem negativen Ergebnis führte.

Auf Insekten scheint sich die Pyramide negativ auszuwirken. Verschiedenen Berichten zufolge fliehen sie diese. In einer Pyramide aufbewahrtes Obst, Gemüse und andere Nahrungsmittel bleiben von Ungeziefer, Fliegen und dergleichen verschont. Ein Freund bemerkte in der Nähe seiner Pyramide einen Ameisenhaufen. Er legte einige Brotstücke hinein und ebenso viele außerhalb auf den Boden. Bald hatten die Ameisen den Leckerbissen entdeckt und fielen über ihn her. Als sie in die Pyramide eindringen wollten, wichen sie zurück. Eine einzige Ameise wagte sich ins Innere, lud sich sogar einen Krümel auf, befreite sich aber rasch wieder von ihm und strebte einem angenehmeren Ort zu. Warum sich Tiere offensichtlich von Pyramiden angezogen fühlen, nicht aber Insekten, wissen wir nicht. Der Frage, ob sich der Pyramidenraum auf nützliche Insekten, wie Bienen, ebenfalls negativ auswirkt, wurde bislang noch nicht nachgegangen.

Aufgrund ihres feinen Empfindens und übersinnlichen Wahrnehmungsvermögens spüren Tiere Energiefelder eher als die meisten Menschen. Viele Leute berichten von ungewöhnlichen Sinneseindrücken, aber Tiere nehmen diese subtilen Felder unmittelbarer auf. Vielleicht reagieren sie empfindsamer, da sie nicht hinterfragen, rationalisieren und analysieren.

Es waren Hunde und Katzen, die uns zu weiteren Entdeckungen führten. Wenn unsere Hunde in die Pyramide gingen, legten sie sich immer in der nordöstlichen Ecke nieder. Zunächst schenkten wir diesem Verhalten wenig Aufmerksamkeit, denn ein Hund kehrt in den meisten Fällen zu dem einmal von ihm gewählten Platz zurück, auf dem er seinen Geruch hinterlassen hat. Andere Tierhalter machten dieselbe Beobachtung. Ein Freund beschloss, seinen Hund zu testen. Er verschob seine Pyramide, so dass aus der Nordost- eine Südwestecke wurde. Der Hund betrat die Pyramide, ging in die Südwestecke, schnüffelte kurz, wandte sich der Nordostecke zu und legte sich dort nieder.

Wir fragten uns, warum sich das Tier von dieser Ecke angezogen fühlte, und testeten einige Menschen. Wir baten sie, mit uns die Pyramide zu betreten, verbanden ihnen die Augen und drehten sie mehrmals im Kreis. Sie sollten sich langsam weiterdrehen, bis sie das Gefühl hatten, in die Richtung zu blicken, die ihnen am angenehmsten war. Als sie stehen blieben, schauten vier von fünf nach Nord-Ost. Ein Hellseher nimmt im nordöstlichen Pyramidenabschnitt einen hellen Schein wahr. Seit jeher haben Mystiker geraten, zum Schlafen den Kopf gen Norden oder Osten zu legen, aber niemals gen Süden oder Westen. Ungeachtet des Wetters und der Jahreszeit schlugen die Prärie-Indianer ihr Zelt mit der Öffnung gen Osten auf.

Die südwestliche Ecke der Pyramide scheint sich bei Mensch und Tier negativ auszuwirken. Bei längerem Aufenthalt fühlten sich die Testpersonen unruhig und nervös und litten oftmals unter Kopfschmerzen. Ohne sie auf die möglicherweise negative Wirkung aufmerksam zu machen, ließen wir mehrmals einige Personen in der Pyramide meditieren, von denen jeweils ein Proband im Südwesten saß. Wir beobachteten, dass diese Person bald unruhig wurde und sich an einen anderen Platz setzte. Später erfuhren wir, weil sie sich „ruhelos" fühlte, „nicht zur Ruhe kommen konnte", „negative Schwingungen spürte" und sofort. Eine Frau berichtete, dass sie sich richtig krank fühlte, und eine andere verließ die Pyramide, weil sie „einfach raus musste".

Garrett beschloss, die Verfallszeit eines Apfels zu überprüfen, indem er eine Hälfte außerhalb der Pyramide und die andere Hälfte innen, direkt unter die Pyramidenspitze legte. Als er einige Tage später nachschaute, stellte er fest, dass die draußen liegende Apfelhälfte dunkelbraun geworden war und an einigen Stellen Schimmel aufwies, während die andere Hälfte noch frisch zu sein schien. Er beschloss, direkt unter der Pyramidenspitze zu meditieren, und legte die Apfelhälfte eine Zeit lang in die Südwestecke. Nach etwa einer Stunde beendete er seine Meditation und wollte den Apfel auf den Sockel unterhalb der Pyramidenspitze zurücklegen. „Es war unfassbar", berichtete Garrett. „Innerhalb dieser kurzen Zeit war der Apfel völlig dunkel geworden und sah fast genauso alt aus wie der Kontrollapfel draußen."

Es gibt demnach Orte, von denen eine ungewöhnliche Energie auszugehen scheint, und andere, die offensichtlich negative Schwingungen ausstrahlen. Der Schamane erzählt Castaneda, dass jeder seinen eigenen Platz finden muss. Findet er diesen Ort, wird dieser ihn beschützen und ihm besondere Kräfte verleihen. Alice A. Bailey spricht in ihren Büchern von besonderen Orten auf der Erde, die zu einem riesigen Energienetz gehören, das sich über den gesamten Erdball erstreckt. Sie liegen dort, wo sich starke Energiefelder überschneiden und einen Wirbel bilden.

John Mitchel schreibt in seinem Buch *The View Over Atlantis*: „Die wissenschaftlichen Methoden, die von den Adepten der Urzeit praktiziert wurden, lassen zwei Schüsse zu. Erstens: Sie wussten um die Kraft oder Strömung, deren Potenzial uns unbekannt ist, und entwickelten eine Form der Naturwissenschaft, um diese zu beeinflussen. Zweitens: Offensichtlich gewannen sie in diesem Zusammenhang Einblick in die grundlegenden Fragen der Philosophie, der Natur Gottes und des Universums sowie der Beziehung zwischen Leben und Tod."

Kann es sein, dass ein wildes Tier diese Energiefelder überprüft, wenn es sich eine Höhle oder ein Nest bauen will? Menschen scheinen sie zu spüren, wenn sie von guten oder schlechten Schwingungen in einem Haus oder an einem Ort sprechen. Diejenigen, die mit Haustieren leben, wissen, dass bisweilen ein Tier den Ruheplatz, den man ausgesucht hat, zurückweist und sein Kissen oder Fell an einen anderen Ort schleppt, obwohl es dem menschlichen Auge als weniger komfortabel erscheint. Einer meiner Hunde verschmähte sein neues Hundehaus. Zunächst glaubte ich, es läge am Stroh. Ich wechselte es, aber vergebens. Es fiel mir auf, dass er sich in seinem Gatter immer an dieselbe Stelle legte. Ich stellte das Haus dorthin, und alles war in Ordnung.

Watson schreibt über diese Sensibilität: „Im Hinblick auf Wärme, Schutz und Sicherheit soll der Schlafplatz natürlich sorgsam ausgewählt werden. Oft wählt das Tier einen Platz, bei dem diese Dinge nicht gegeben sind. Haushunde und Hauskatzen verhalten sich gleich. Ihre Besitzer sollten warten, bis das Tier seinen Platz selbst ausgesucht hat und den Schlafkorb dorthin stellen. Es gibt Plätze, auf denen es unter gar keinen Umständen liegen will."

Der schwarze Labrador meines Freundes gab mir anhand seines Verhaltes zu verstehen, dass die Pyramide ein Energiefeld hinterlässt, wenn sie verschoben wird. Dem Hund war es nicht erlaubt gewesen, die Pyramide zu betreten. Trotzdem blieb er tagelang an jener Stelle liegen, an der sie gestanden hatte.

Vielleicht finden einige Zootiere nicht nur aufgrund ihrer Gefangenschaft keine Ruhe, sondern auch weil sie in dem ihnen zugewiesenen Raum nicht ihren Platz finden können. Vielleicht könnte eine Pyramide Abhilfe schaffen. Immer mehr Tierfreunde bauen ein Pyramidenhaus. Sie sind überzeugt, dass der Innenraum über besondere Eigenschaften verfügt, die ihre häusliche Ruhe fördert, denn sie haben die Gesundheit und Fröhlichkeit von Tieren darin beobachtet. Vielleicht wirken unsere vierbeinigen Freunde richtungsweisend für eine neue Bauindustrie.

Wir haben viel gelernt über unsere Welt, dank unserer Fragen, unserer Mathematik, unserer Reagenzgläser und Mikroskope, aber vielleicht wissen Tiere Dinge, von denen wir nichts ahnen oder die wir längst vergessen haben. Wir könnten möglicherweise Vieles mehr begreifen, wenn wir das Wissen beider Spezies vereinten. Wie sähe dann unsere Wirklichkeit aus? Vielleicht erklärt dies, warum die Sphinx, die Hüterin der Weisheit, teils Mensch, teils Tier darstellt.

6

Die kosmische Uhr der Tiere

Als ich vor Jahren in Denver lebte, wohnte neben mir ein Witwer mit seinem schwarzen Kater, der auf den Namen Henry hörte. Mein Nachbar war nicht sehr gesprächig. Henry hingegen liebte die Gesellschaft von Menschen und verbrachte die Vormittage damit, seine Runden zu drehen.

Punkt sieben Uhr morgens stand er vor meiner Tür. Warum er so früh kam, weiß ich nicht. Vielleicht spürte er, dass ich zu dieser Zeit meinen Kaffee getrunken hatte und wach genug war, mich mit meinem Besucher zu unterhalten. Wäre er später aufgetaucht, hätte ich es eilig gehabt, um zur Arbeit zu kommen. Henry mochte es nicht, wenn man ihm keine Aufmerksamkeit schenkte. Übersah man ihn, sprang er einem auf den Schoß und stupste einen mit seinem Kopf so lange ins Gesicht, bis man ihn beachtete.

Zehn Minuten später beendete Henry unser Zusammensein und stolzierte zur Tür hinaus, um seine nächste Begegnung nicht zu verpassen. Die anderen Nachbarn erzählten, dass er auch bei ihnen pünktlich zu erscheinen pflegte. Er schien den günstigsten Zeitpunkt zu kennen.

Sein Zeitgefühl zeigte sich besonders auffällig, wenn er das örtliche Auktionshaus aufsuchte, das sich etwa zwei Häuserblocks entfernt befand. Jeden Donnerstagabend, um sieben Uhr, versammelten sich die Leute dort, um Möbel, Geräte, Werkzeug und dergleichen zu verkaufen. Henry versäumte diese wöchentlichen Zusammenkünfte niemals. Er wusste, wann Donnerstag war. Die Menge zog ihn wohl kaum an, denn er erschien stets fünfzehn Minuten früher, setzte sich auf einen hölzernen Aktenschrank und beobachtete aufmerksam das Geschehen.

Bei Missie, die sogar den Zeitpunkt ihres Todes zu benennen wusste, handelt es sich zweifellos um einen höchst ungewöhnlichen Hund, aber es zeigt sich immer deutlicher, dass sich alle Lebensformen des kosmischen Zeitzyklus bewusst sind.

In *The Strange World of Animals and Pets* heißt es: „Alle lebendigen Organismen existieren in einem Meer pulsierender Energien, die als Empfänger, Transformatoren und Projektoren wirken. Es gibt ein universales elektrisches Feld, das sich auf alles Leben auswirkt, das seinerseits dieses Feld beeinflusst. Jeder Mensch, jedes Tier und jede Pflanze steht in Verbindung mit jedem anderen Leben, mit dem Magnetfeld der Erde und dadurch mit den Veränderung der elektrischen Felder von Mond und Sonne... Jeder von uns ist ein Teil des universellen Ganzen. Kosmische Gefährten, die auf den ewigen Zyklus von Ebbe und Flut reagieren. Es gibt Stimmen aus der Tiefe, die Sprachen reden, die dem Menschen noch unbekannt sind."

Die Vorstellung von einem pulsierenden Energiemeer, das alles erfüllt, ist nicht neu. Die alten Chinesen sprachen von einer das gesamte Universum erfüllenden Lebensenergie, die den Menschen mit dem Kosmos verbindet. In Indien wird diese Kraft *Prana* genannt. Messmer bezeichnet sie als *animalischen Magnetismus* und Reichenbach spricht von *Od-Kraft*. Keely nennt sie *motorische Kraft*. Blondot bezeichnet sie als *N-Strahlen*. Russische Wissenschaftler haben sie als *bioplasmische* und tschechische Forscher als *psychotronische Energie* bezeichnet. Obwohl man dieser Energie unterschiedliche Namen gibt, scheint man hinsichtlich ihrer Eigenschaften übereinzustimmen. Je mehr wir über diese Energiefelder wissen, desto besser werden wir das Geheimnis der kosmischen Uhr verstehen, derer sich viele Lebensformen bewusst zu sein scheinen.

Drbal schrieb: „Die westliche Wissenschaft hat bislang nichts von der Energie gewusst, die alle Lebewesen erfüllt. Diese Bioenergie, die wir als psychotronische Energie bezeichnen, scheint der Psychokinese zugrunde zu liegen und bildet vielleicht das Geheimnis der Wünschelrute. Möglicherweise ist sie an jeglicher Form psychischen Geschehens beteiligt."

Der universelle Aspekt des Energiefeldes ergab sich aus den ungewöhnlichen Experimenten, die Cleve Backster, Experte der Polygraphie und Begründer der *School of Lie Detection*, durchführte. Er konnte nachweisen, dass Pflanzen auf die Gedanken, Gefühle und Handlungen der Menschen in ihrem Umfeld reagieren. Der Tod von Lebewesen, wie Krabben oder Fischen, löste eine starke Reaktion auf dem Polygraphen aus. „Es deutet auf eine Art Primärwahrnehmung oder Elementarbewusstsein der lebenden Zelle hin", schreibt Backster.

Auf biologischer Ebene haben Burr und Northrup die Lebensenergien von Organismen eingehend untersucht. Sie kamen zu dem Ergebnis, dass es eine Kraft geben muss, die den komplexen chemischen Austausch, der die biologischen Prozesse begleitet, lenkt, organisiert und zusammenhält. Die beiden Forscher veröffentlichten zahlreiche Schriften, die sich mit diesen Feldern in primitiven Organismen sowie in Bäumen und Tieren befassen.

Der Psychiater Pierrakos schrieb: „Die Natur bringt neben unterschiedlichen Einzellern, wie Bakterien und Pilzen, mehrzellige Strukturen hervor, wie Geißeltierchen, Schwämme, Fische oder Leuchtkäfer, die aufgrund ihrer inneren Bewegungen und biologischen Prozesse Licht aussenden können und strahlen. Es ist bekannt, dass bei höheren Organismen Lebensprozesse wie Zellkernteilung, Oxidation und andere Stoffwechselvorgänge von Lumineszenz begleitet sind. Lebende Organismen können über ihre gesamte Körperoberfläche Licht emittieren. Sie haben diese Fähigkeit nicht verloren. Dieses Energiefeld, die sogenannte Aura, reflektiert die Energien der Lebensprozesse. Die Feldphänomene gehören zu einer anderen Dimension. Diese energetischen Erscheinungsformen transzendieren den stofflichen Aspekt. Obwohl an die materielle Körperstruktur gebunden, folgen sie ihren eigenen Gesetzen pulsierender Bewegung und Vibration, die wir noch nicht begreifen."

Vielleicht handelt es sich bei jenem Energiefeld, an dem alle Lebewesen teilhaben, um Bewusstsein. Diese innere Verbundenheit setzt alles zueinander in Beziehung. Auf einer bestimmten Wahrnehmungsebene, oberhalb oder unterhalb logischen Denkens, ist sich jede Lebensform ihres Universums bewusst, der Gravitationskräfte, magnetischen Felder, Lichtwellen, elektromagnetischen Kräfte, Planetenbewegungen, Sonneneruptionen und so fort. Sie ist sich also der zahlreichen weitgehend unsichtbaren Kräfte, die das Wissen um Stunde und Jahreszeit auslösen, bewusst.

In einem Zentrum für geistig Behinderte fiel ein Patient auf, der stets die genaue Uhrzeit wusste. Obwohl er nicht in der Lage war, sich mit den einfachsten Lebensanforderungen auseinanderzusetzen, konnte man ihn Tag und Nacht nach der Uhrzeit fragen, die er präzise anzugeben wusste, ohne auf die Uhr zu schauen.

Der Sohn eines Freundes besaß dieselbe Fähigkeit, die er früh entdeckte. Der aufgeweckte Bursche versuchte sich an Kilometerzählern. Ohne zu wissen, wie weit das Familienauto gefahren war, vermochte er den Kilometerstand für den nächsten Tag genau vorauszusagen. Er konnte es sich nicht erklären und nahm an, dass irgendeine kosmische Intelligenz alle Antworten bereithält und er lediglich diese Quelle anzapfte.

Im Einklang mit dem Weltgeist zu schwingen, könnte erklären, warum ein Hund die Samstage von den übrigen Wochentagen zu unterscheiden vermochte. Zip, ein Pitbull-Terrier, durfte frei herumrennen und liebte es, oben auf dem Wagen seines Herrn zu fahren. Als die Leute sich über die vielen frei herumlaufenden Hunde beschwerten, stellte die Stadt einen Hundefänger ein, um die streunenden Tiere einzufangen.

Zip war der Erste, den man auflas. Er verbrachte die Nacht im Hundezwinger und wurde am nächsten Tag von seinem Herrchen abgeholt. Um weiteren Schwierigkeiten aus dem Wege zu gehen, brachte man Zip aufs Land zu einem einige Kilometer entfernten Bauernhof. Obwohl er angekettet wurde, sorgte der Bauer gut für ihn. Zip schien seine neue Lage zu akzeptieren, bis der Samstag anbrach. Das ganze Wochenende über heulte er und riss an seiner Kette, um sich zu befreien. Am Montag beruhigte er sich wieder und zeigte sich bis zum nächsten Wochenende friedlich. Dann spielte sich dasselbe ab. Der Bauer rief den Besitzer an. Man kam zu dem Schluss, dass der Hund spürte, wann es Samstag wurde. Früher war er an diesem Tage meistens mit seinem Herrchen umhergefahren. Da der Hundefänger seine Tätigkeit eingestellt hatte, beschloss man, den Hund an den Wochenenden freizulassen.

Zip verschwand am folgenden Samstag gegen Mittag und kehrte Montagmorgen fröhlich bellend auf den Bauernhof zurück. Da er sich verantwortungsbewusst gezeigt hatte, erlaubte man ihm, sich auf dem Bauernhof frei zu bewegen. Unter der Woche half er, das Vieh zusammenzutreiben, diente als Wachhund und begleitete den Bauern. Aber am Samstag lief er in die Stadt und erreichte das Haus seines Herrn gegen drei Uhr. Er blieb das Wochenende über dort und kehrte pünktlich am frühen Montagmorgen auf den Hof zurück – ein Verhalten, das jahrelang anhielt.

Burton erzählt in *The Sixth Sense of the Animals*, dass an einer bestimmten Straßenecke in London jeden Donnerstag um die Mittagszeit ein Mann mit Katzenfutter stand. Er zerlegte das

Fleisch und verteilte es in den umliegenden Häusern. Die Reste warf er den Katzen vor, die sich jeden Donnerstag, kurz vor Mittag, an der Straßenecke versammelten. Mehr als ein Dutzend Katzen hockten auf dem Bordstein und warteten. An anderen Tagen wurden sie dort niemals gesehen.

Solche Berichte haben bewiesen, dass Tiere ein Gespür für die Zeit haben, was Wissenschaftler dazu gebracht hat, nach einer biologischen Uhr zu fahnden. Es ist bereits seit langer Zeit bekannt, dass es einen Rhythmus gibt, der in Zusammenhang mit der Erdumdrehung steht. Pflanzen und Tiere richten sich in ihrem Verhalten nach der Tageszeit und den Jahreszeiten. Androsthenes beobachtete vor über zweitausend Jahren, dass die Blätter gewisser Pflanzen bestimmten Tagesmustern folgen. Aristoteles entdeckte, dass sich die Eierstöcke der Seeigel bei Vollmond vergrößerten.

Die biologische Uhr ergibt sich aus dem 24-Stunden-Rhythmus oder Zirkadian. Unter *zirkadianisch* versteht man den biologischen Rhythmus von Lebensvorgängen. Je nach Lebensform variiert dieser zwischen zweiundzwanzig und fünfundzwanzig Stunden. Bei einigen Tieren umfasst er über zwanzig Vorgänge. Man hat festgestellt, dass Bienen täglich zur selben Zeit an ihren Futterplatz zurückkehren. Von April bis Ende Juni folgt der kalifornische Ährenfisch, unmittelbar nachdem die Gezeiten ihren monatlichen Höchststand erreicht haben, während der Nacht den Wellen des Ozeans bis zum Strand und legt dort seine Eier in den Sand. Die jungen Fische können sich innerhalb eines Monats entwickeln, ohne Gefahr zu laufen, von der Brandung ins Meer gespült zu werden.

Die Meerestiere spüren den Rhythmus des Ozeans. Der Plattwurm lebt in Symbiose mit der Grünalge. Bei Ebbe schlüpft er aus dem Sand und legt sein Grün im Sonnenlicht frei. Plattwürmer, die man in ein Aquarium setzte, behielten dieses Verhalten bei. Zweimal am Tage erhoben sie sich aus dem Sand am Boden der Sonne entgegen. Zweimal am Tage versanken sie wieder. Ohne Gehirn oder sogenanntes Gedächtnis, ohne klares Wahrnehmungsvermögen, lebten sie ihr Leben an diesem fremden Ort. In jeder Faser ihres kleinen grünen Körpers erinnerten sie sich an den Gezeitenrhythmus des fernen Ozeans.

Die meisten Meerestiere werden in Laboratorien untersucht, die sich in der Nähe des Meeres befinden. Frank Brown, der sich mit der Erforschung natürlicher Rhythmen befasste, lebte weit vom Ozean entfernt in einem Vorort von Chicago. Zunächst untersuchte er Austern und fand heraus, dass sie ein ausgeprägtes Gespür für die Gezeiten besaßen. Während der Flut öffneten sie ihre Schalen, um zu fressen, und schlossen sie bei Ebbe, damit sie keinen Schaden nahmen oder austrockneten. Diesen Rhythmus behielten sie selbst im Inland bei.

Nach zwei Wochen bemerkte Brown, dass alle Austern ihren Rhythmus gleichermaßen verändert hatten. Sie öffneten und schlossen sich nicht mehr entsprechend der Gezeiten ihres heimatlichen Strandes, sondern zu einer Zeit, in der die Flut jenen Vorort von Chicago überspült hätte, wäre er auf Meereshöhe gelegen.

Brown fragte sich, ob der Zeitunterschied zwischen Sonnenaufgang und Sonnenuntergang eine Rolle spielte, musste aber feststellen, dass dies nicht zutraf, da sich die Tiere in einem dunklen Behälter ebenso verhielten.

Die Winkerkrabbe reagiert in ihrer eigenen Weise auf die Gezeiten. Bei Niedrigwasser ist sie dunkler als bei Flut. Da sich dieser Farbwechsel im Aquarium fortsetzt, vermutet man, dass er durch Ausdehnung und Zusammenziehung der Pigmentzellen in der Haut entsteht. Entnommene Hautpartikel mit Pigmentzellen, die eine Weile lebendig gehalten werden, weisen das gleiche Verhalten auf. Dies scheint darauf hinzuweisen, dass die einzelne Zelle in diesem Zeitschema eine wesentliche Rolle spielt, und stützt Backsters Vorstellung von einem Zellbewusstsein.

Die Empfindsamkeit maritimen Lebens für die subtilsten Veränderungen ihres Umfeldes mag für alle Lebensformen, auch den Menschen, von größter Bedeutung sein. Vielleicht erweist sich der Hummer als ausgezeichnetes Frühwarnsystem für Wasserverschmutzung. Grobe Verunreinigungen sieht jeder. Über ihre Langzeitwirkungen, wie die der Ölverschmutzung, weiß kaum jemand etwas.

Hier mag der Hummer ins Spiel kommen, der sich wie ein riesiges gepanzertes Insekt auf dem Boden bewegt. Es wird vermutet, dass selbst geringe Ölmengen, die angeblich weit unterhalb der Giftschwelle liegen, das komplexe Umfeld maritimer Organismen empfindlich stören.

Anhand ihrer jahrelangen Untersuchungen der Kommunikation von Tieren stellten zwei Ozeanographen fest, dass sich selbst eine minimale Menge an Fremdsubstanz entscheidend auf das Verhalten maritimer Organismen auswirkt. Sie legten mit Kerosin getränkte Steine in den Hummerbehälter und beobachteten, dass die Tiere aggressiver wurden oder sich zurückzogen. Manchmal schienen sie unter einem Reinigungszwang zu stehen. Einige Tropfen Kerosin oder Öl ließen einen Hummer eine Woche lang nichts mehr fressen.

Auswirkungen, die der Mensch nicht sieht, beachtet er nicht. Unmittelbarer hingegen ist der Anblick eines kleinen zurückgebliebenen Hummers, der in der äußersten Ecke des Aquariums umherkriecht und nicht mehr fressen will. Die Bewegung oder Bewegungslosigkeit eines winzigen Haares, das mit einem winzigen Ölmolekül konfrontiert wird, kann von ungeheurer Bedeutung sein.

Die Art, in der die einzelnen Lebensformen auf ihre Umwelt reagieren, auf mechanischen, chemischen, elektrischen oder völlig unbekannten Wegen, scheint keine wissenschaftliche Frage zu sein. Wird der Wahrnehmungsapparat eines Tieres gestört, wird es seine Verhaltensweise und damit seine Überlebenschancen ändern. Berichten zufolge können sich in Nationalparks Bären Besuchern gegenüber äußerst aggressiv verhalten oder Haifische Menschen ungemein böswillig angreifen. Wenn ein Hummer besonders aggressiv auf die geringste Verunreinigung seines Umfeldes reagiert, fragt man sich, wie sich die Umweltverschmutzung und Vielzahl der Radiowellen auf das Verhalten einiger Tiere auswirken mag. Es scheint nur wenige Dinge zu geben, die die Reaktion des Tieres auf seine biologische Uhr zu beeinträchtigen vermögen. Falls es dennoch eintritt, wie wird sich dies auf das Tierreich auswirken? Wir sollten einmal darüber nachdenken, inwieweit Umweltverschmutzungen auch unsere Gesundheit und unser Verhalten beeinträchtigen, da alles mit allem in Verbindung steht. Das Wohlergehen des Menschen kann nicht von der Natur getrennt werden. Die Untersuchungen der biologischen Uhren haben ergeben, dass die einzelnen Lebensformen in den Gedanken, im Herzschlag und Atem des Universums miteinander verbunden sind.

Die Einstimmung auf die kosmische Uhr wurde bei Waldsängern nachgewiesen. Man brütete eine Anzahl von Vögeln aus, zog sie auf und sperrte sie in schalldichte Kammern, die künstlich beleuchtet wurden, um einen dauerhaften Sommer vorzutäuschen. Die Sänger verbringen den Sommer in Europa und ziehen im Herbst nach Afrika. Trotz ihrer Isolation wurden sie gegen Ende des Sommers unruhig. Sie liefen fortwährend, teilweise auch während der Nacht, in ihren Käfigen umher. Ihre Unruhe legte sich nach einer gewissen Zeit, in demselben Zeitraum, den sie für ihren Flug nach Afrika benötigt hätten. Sie schienen zufrieden zu sein und schliefen nachts wieder. Das Gleiche wiederholte sich, als in Europa der Frühling einkehrte. Ihre Unruhe hielt genau so lange an, wie sie für den Rückflug benötigt hätten. Ihre biologischen Uhren stimmten offensichtlich mit einem inneren Rhythmus überein.

Man hat beobachtet, dass Rotkehlchen ihre biologische Uhr innerhalb einer Zeitspanne von drei Tagen neu einstellen können. Von Sonnenaufgang bis Sonnenuntergang sind sie aktiv. In der Nacht schlafen sie. Bringt man sie in einen Raum, der nachts beleuchtet und tagsüber verdunkelt wird, passen sich die Vögel bald an. Wird ein gefangenes Rotkehlchen in einer Kammer isoliert, in der gleichbleibendes Zwielicht und eine konstante Temperatur herrscht, wird der Vogel einem Rhythmus folgen, der dem in der freien Natur fast entspricht.

Rhythmische Aktivitäten lassen sich nicht mit Begriffen von Chemie und Physik erklären. Es wurde nachgewiesen, dass Stoffwechselprozesse aufgrund von Temperaturverschiebungen verlangsamt oder beschleunigt werden. Die innere Uhr hingegen scheint von der Temperatur unabhängig zu sein.

Die arktische Seeschwalbe legt ungeheure Entfernungen zurück. Jedes Jahr fliegt sie von der Arktis in die Antarktis. Sie erreicht den hohen Norden am 15. Juni und verlässt ihn am 25. August. Sechs Wochen vor der Sommersonnenwende erreicht die Goldamsel die nördliche Hemisphäre und verlässt sie sechs Wochen danach.

Die Missionsstation San Juan Capistrano, in Kalifornien, erlangte ihren Ruhm durch das bemerkenswerte Zeitgefühl der Schwalben. Jedes Jahr am 19. März, dem Tag des Hl. Joseph, traf der Schwarm aus Zentralafrika ein.

Ein weiteres Beispiel für dieses Zeitgefühl ist der Sturmtaucher. An einem einzigen Abend im November treffen Millionen dieser Vögel auf den Inseln vor Australien ein. Sie strömen aus weit entfernten Gegenden, wie dem Nordpazifik, der Beringstraße, Japan und Britisch Kolumbien, zusammen. Nach knapp einer halben Stunde ist diese Invasion vorüber.

Studien haben gezeigt, dass Pinguine in der Antarktis Hunderte von Kilometern über weite Flächen zurücklegen. Bei grauem Wetter scheinen sie sich ein wenig unsicher zu verhalten. An klaren Tagen setzen sie ihren Weg geradewegs fort. Wahrscheinlich dient ihnen die Sonne als Kompass. Ihre biologische Uhr passt sich der Sonnenbewegung an. Brachte man die Pinguine zu verschiedenen Jahreszeiten an einen fremden Ort, stellte sich diese Uhr um. Nicht alle Vögel richten sich nach der Sonne. Ihre Orientierung umfasst viele verschiedene Mechanismen, die sich kaum voneinander unterscheiden lassen. Weder der Mensch noch der Vogel kann sich allein mit Hilfe eines Kompasses von einem Ort zum anderen bewegen. Er bedarf eines Navigationssystems, um das Ziel in Bezug zu einer gegebenen Position bestimmen zu können. In Amerika kehren die meisten Rotkehlchen in einem Umkreis von fünf Meilen in ihre nördliche Heimat vom Vorjahr zurück. Andere Vögel fliegen Jahr für Jahr zweitausend Meilen zu denselben Bäumen. Die Alaska-Möwe und der westkanadische Strandläufer fliegen weite Strecken über das Meer, das ihnen keinerlei Anhaltspunkte bietet, um ihr Ziel auf Hawaii zu erreichen. 1931 machte sich eine Brieftaube aus dem französischen Arras zu ihrer Heimatstadt Saigon auf den Weg. Jeder Versuch, die Navigationstalente von Tieren zu erklären, sollte die Tatsache berücksichtigen, dass die in einem abgeschlossenen Käfig schlafenden Brieftauben nachts freigelassen wurden und trotz gebrochener Flügel und verlorener Federn ihren Weg nach Hause fanden.

Man nimmt an, dass Vögel sich am Magnetfeld der Erde orientieren. Bestimmte Zellstrukturen (Pektine) in ihren Augen ermöglichen es ihnen, Unterschiede im Gradienten wahrzunehmen. Diese sogenannten Magnetfühler in der Netzhaut des Vogelauges wirken als Miniaturinstrument, das induzierte Mikrospannungen aufspürt. Sollte diese Annahme zutreffen, sucht ein Vogel nach geomagnetischen Kräften, die ein Muster bilden, das ihn entlang bestimmter Linien fliegen lässt.

Die meisten Vögel und Reptilien sowie einige Fische verfügen über diese Zellstruktur, weshalb die Theorie der geomagnetischen Navigation durchaus denkbar ist. Andererseits erklärt sie nicht, wie der Monarch-Schmetterling weit entfernte Ziele anzusteuern vermag, die grüne Meeresschildkröte von Brasilien zu der kleinen Insel Ascension schwimmt oder eine Katze die genaue Tageszeit anzugeben weiß.

Willi war eine solche Katze. Meistens kümmerte sie sich nicht um die Tageszeit. Es war ihr gleichgültig, wann sie fraß. Der Montag bildete eine Ausnahme. Pünktlich um 19.30 Uhr verlangte sie ihr Futter. Fünfzehn Minuten später rannte sie los, blieb an der Ampel stehen und lief mehrere Häuserblocks weiter zu einem Krankenhaus. Dort sprang sie auf einen Fenstersims und beobachtete während der nächsten zwei Stunden eine Gruppe von Frauen, die im Aufenthaltsraum der Krankenschwestern Bingo spielten. Diese Katze wusste genau, wann es Montag und wann es 19.45 war. Weder Futter noch ein Katzentreffen zogen sie zum Krankenhaus, sondern das Spiel der Frauen.

Gyp, der Schäferhund, kam als Welpe zu der Familie Neff. Als ein zweites Kind geboren wurde, verließ Gyp die Familie und wurde monatelang nicht gesehen. Am Weihnachtsabend hörten die Neffs ein Winseln vor ihrer Tür. Es war Gyp. Er genoss das Fest, lag neben dem Weihnachtsbaum und erhielt seinen Anteil vom Truthahn. Am folgenden Tag war er wieder verschwunden. Jahr für Jahr besuchte er die Familie Neff zu Weihnachten. Sie hatte keine Ahnung, wo er sich das Jahr über aufhielt oder woher er wusste, wann es Weihnachten war. Zehn Jahre hintereinander stand er an diesem Abend vor ihrer Tür.

Ein Journalist griff die ungewöhnliche Geschichte auf und erregte das Interesse vieler Leser überall im Land. Einige versuchten, Gyp aufzuspüren, aber ohne Erfolg. Erst als der Hund elf Jahre alt wurde, entdeckte man, dass er die ganze Zeit über bei einem älteren Mann gelebt hatte, der sich des Rummels um seinen Hund nicht bewusst war.

Im folgenden Jahr erschien Gyp zu Weihnachten nicht bei den Neffs. Man nahm an, der Weg sei ihm zu beschwerlich geworden. Spät in der Weihnachtsnacht tauchte er bei den Wasserwerken auf, in denen Neff arbeitete. Die Nachtwächter ließen ihn hinein, bereiteten ihm ein warmes Lager, und Neff brachte ihm ein Stück Truthahn. Er hätte den geschwächten Hund gerne eine weitere Nacht dort behalten, aber Gyp zog es vor, unter dem Zaun zu entfliehen und zu dem alten Herrn zurückzukehren.

In den darauffolgenden Monaten wurde Gyp zunehmend schwächer. Im November verbrachte ein Enkel des alten Herrn das Erntedankfest mit seinem Großvater. Gyp folgte ihm zum nahegelegenen Bahnhof und wurde seither nicht mehr gesehen. Der alte Hund und sein geheimnisvoller innerer Kalender blieben verschwunden.

Es stellt sich die Frage, wann im Leben eines Tieres die biologische Uhr zu ticken beginnt. Man setzte frisch geschlüpfte Küken in Käfige, in denen gleichbleibende Bedingungen herrschten. Es gab keinen Unterschied zwischen Tag und Nacht, auch Temperatur und Luftfeuchtigkeit wurden konstant gehalten. Zunächst bewegten sich die Küken kaum. Als sie kräftiger wurden, trat ein bestimmter Rhythmus in Erscheinung. Zwischen dem dritten und elften Tag entwickelte sich ein Tagesrhythmus von etwas mehr als fünfundzwanzig Stunden. Daneben konnte man bereits bei dem noch nicht geschlüpften Küken rhythmische Vorgänge beobachten. Es muss bereits eine Weile atmen, ehe es schlüpft, und verbraucht während des Tages mehr des durch die Eierschale eindringenden Sauerstoffs als während der Nacht.

Der biologische oder innere Rhythmus scheint zum Teil chemischer Natur zu sein. Es wurde ein einhundertsechzig-Sekunden-Zyklus in Zellen entdeckt, der auf zwanzig biochemische Reaktionen der Energieerzeugung abgestimmt ist. Abgesehen von diesem biochemischen Faktor, verfügen alle Lebewesen über elektrische Felder. Intensität und Polarität dieser Kraftfelder verändern sich entsprechend biologischer und kosmologischer Vorkommnisse. Man hat herausgefunden, dass zyklische Spannungswechsel mit Mondphasen übereinstimmen und Höchstpunkte bei Voll- oder Neumond auftreten. Die tägliche Höchstspannung zeigt sich im Dezember, wenn die Sonne der Erde am nächsten steht. Der Tiefpunkt liegt im Sommer.

Neben den Sonnen- und Mondzyklen gibt es täglich oder halbmonatlich verlaufende Zyklen. Die Veränderungen scheinen in Zusammenhang mit den Fluktuationen des Erdmagnetfeldes zu stehen. In den meisten Fällen werden diese Veränderungen durch außerirdische Kräfte hervorgerufen, kosmische Gammastrahlen, Sonnenexplosionen sowie andere elektromagnetische Wellen, die auf die Erde prallen.

Wissenschaftler befassen sich mit der Frage, inwieweit physiologische Rhythmen auf ihr Umfeld reagieren. Sie kommen zu dem Ergebnis, dass „die Tages- und Jahreszyklen mitunter ein Muster extremer Sensibilität bilden, was den Organismus auf jede Nuance seiner Umgebung reagieren lässt. Als Parasiten auf der Haut unseres Planeten, können wir nur dann erfolgreich sein, wenn wir seinen Pulsschlag spüren und lernen, unser Leben im Einklang mit seinem tiefen, ruhigen Atem zu leben.

Unser Gastgeber ist nicht allein. Die Erde selbst wird von galaktischen Winden geschüttelt und verändert und unterliegt Kräften, die aus weiter Ferne stammen. Diese Kräfte durchdringen uns. Das irdische Leben lernt, im Rhythmus anderer Körper zu tanzen. Der stärkste Impuls kommt natürlich von unseren nahegelegensten Nachbarn. Wir betrachten lebende Organismen als Wesen und scheinen zu vergessen, dass es sich dabei um komplizierte Zellstrukturen handelt. Die Einzelzelle hat vieles mit anderen Zellen gemeinsam, nicht nur mit dem individuellen Organismus, sondern mit allen anderen Organismen, die jemals lebten. Alle sind Teil eines gewaltigen Ganzen, dessen Körper die Natur ist."

Es scheint keine Rolle zu spielen, ob wir uns an die Wissenschaft, Philosophie oder Theologie wenden, um Antworten auf unsere Fragen über das Leben auf diesem Planeten zu erhalten. In allen Disziplinen finden wir Begriffe wie Ganzheit, Synergie, Identität und dergleichen sowie die übereinstimmende Theorie, dass alles Leben in einem pulsierenden Energiemeer oder Bewusstsein existiert.

Jedes Lebewesen ist Teil eines universalen Ganzen, Gefährten im Kosmos, die auf das niemals endende Kommen und Gehen von Ebbe und Flut reagieren. Und es gibt noch andere Stimmen aus der Tiefe, die in Sprachen reden, die dem Menschen bislang unbekannt sind.

7

Propheten

Es heißt, die Menschen ignorieren die Propheten in ihrer Mitte. Gewöhnlich sind damit die Seher unter ihnen gemeint, man mag diese Behauptung aber auch auf die Weisen des Tierreiches beziehen. Wird ein Prophet schließlich anerkannt, erwartet man, dass er der Klügste ist, und es wirkt eher beschämend, festzustellen zu müssen, dass die „niedrigen" Mitglieder des Tierreiches oft eher als wir über das, was um uns herum vor sich geht, informiert sind.

Dank ihrer inneren Kristallkugel haben Tiere Tausende von Menschenleben gerettet, weil sie Erdbeben, Lawinen, Hurrikans, Sturmfluten und andere Katastrophen voraussagten. Teilweise grenzte es an Wunder. Sie wiesen auf Bomben- und Artillerieangriffe, Feuersbrünste und Schiffsunglücke hin. Was die Wetterlage betrifft, sind sie besser als die meisten unserer Meteorologen. Aufgrund ihrer übersinnlichen Fähigkeiten haben sie oft Dinge vorausgeschaut, die sich im menschlichen Bereich ereignen sollten.

Es geschah 1835 in Concepcion, in Chile. Morgens um halb elf hing der Himmel voller schreiender Seemöwen. Eine Stunde später rannten Pferde in wilder Panik umher und trampelten Zäune nieder. Hunde hetzten aus den Häusern ins Freie. Um elf Uhr vierzig legte ein Erdbeben die Stadt in Trümmer.

Es wird berichtet, dass kurz vor dem schweren Erdbeben, das 1964 Alaska bis nach Seattle erschütterte, die Tiere in den Zoos eine ungewöhnliche Unruhe überfiel. Vor dem Beben in Chile und Peru beobachtete man, dass die Seemöwen weit hinaus auf das offene Meer flüchteten. Berichten zufolge verschwanden 1963 die Vögel mehrere Stunden vor der ersten Erschütterung aus dem Erdbebenzentrum im südöstlichen Montana. Es heißt, dass eine Russin während des Erdbebens von 1966 in Taschkent ihr Leben ihrem Spitz verdankte. Der Hund zog sie nach draußen und weg von dem Haus, das wenige Minuten später dem Beben zum Opfer fiel. Ein Lehrer aus dieser Gegend berichtete, dass Ameisen ihre Puppen aufluden und den Ameisenhügel verließen, ehe es zu beben begann. Die Bergziegen und Antilopen im Zoo von Taschkent weigerten sich Tage vor der Erschütterung, in ihre Ställe zu gehen. Die Tiger und andere große Katzen schliefen bereits nächtelang zuvor im Freien.

Der Biologe L. Watson schrieb: „Die Japaner, die direkt über Erdbrüchen leben, haben aus diesem Grund seit jeher Goldfische gehalten. Wenn sie wild umher zu schwimmen beginnen, eilen die Bewohner aus dem Haus, um nicht vom herabstürzenden Mauerwerk erschlagen zu werden. Der Fisch lebt in einem Milieu, das die geringste Vibration überträgt. Tiere, die in der Luft leben, können ebenfalls Warnsignale geben. Man hat beobachtet, dass Kaninchen und Rotwild Stunden vor dem Beben in panischer Angst aus dem Epizentrum flüchten."

Neben elektronischen Mitteln, der Beobachtung von Warntönen aus dem Erdinneren und wechselnden Wasserständen, nutzen die Chinesen diese Sensibilität der Tiere für ihre Erdbebenvorhersage. Im Durchschnitt verzeichnet China jährlich sechs Erdbeben der Stärke 6.0 auf der Richterskala, die zu den schwersten der Welt zählen. Aufgrund seiner exakten Vorhersagemethoden ist es gelungen, Tausende von Menschenleben zu retten. Das chinesische Volk stützt sich auf seit Generationen überlieferte Warnzeichen. Historischen Berichten zufolge konnten Bauern anhand der Verhaltensweise ihrer Tiere voraussagen, wenn mit der Erde etwas nicht stimmte. Ansonsten ruhige Pferde bäumten sich auf, Hunde heulten, Fische sprangen hoch, und Tiere, die sich gewöhnlich nur selten blicken ließen, wie Schlangen und Ratten, brachen plötzlich zu Dutzenden hervor.

Angeregt durch diese Tierbeobachtungen, forschten Wissenschaftler in Hollister County, Kalifornien, einer Gegend, die sich über mehrere kleinere Brüche erstreckt und in der es 1974 heftig bebte, nach ähnlichen Beobachtungen. Während die meisten Befragten nicht auf die Tiere geachtet hatten, berichtete eine Frau von ihrem Versuch, zwei Pferde zu beruhigen, die sich wie verhext benahmen. Ein Füllen gebärdete sich derartig wild, dass es zu Boden stürzte. Man fand heraus, dass sich der Bauernhof fast genau über dem Erdbebenzentrum befand. In der Nacht vor dem Beben in San Fernando, im Jahr 1971, rannten, Berichten zufolge, Unmengen von Ratten in den Rinnsteinen umher. Im Juli 1963 wurden mehr als drei Viertel der Stadt Skopje, im damaligen Jugoslawien, durch ein Erdbeben zerstört. In den frühen Morgenstunden jenes Tages rissen die Tiere des städtischen Zoos die Wächter aus dem Schlaf. Elefanten zerrten an der Verriegelung ihrer Käfige, Tiger und andere Katzen brüllten ununterbrochen. In der Polizeistation sprangen zwei Bluthunde gegen die Fenster, um nach draußen zu gelangen. Den Streifenbeamten fiel auf, dass es in der Stadt plötzlich keine Vögel mehr gab.

Man nimmt an, dass es sich bei diesen Vorahnungen der Tiere um eine supersensorische und weniger eine extrasensorische Wahrnehmung handelt. Eine solche feine Wahrnehmung vermag anhand von Schwankungen des Wasserspiegels oder fallendem

Luftdruck einen herannahenden Hurrikan auszumachen. Schwache Geräusche oder ein Temperaturanstieg mögen Lawinen ankündigen. Vulkanausbrüchen und Erdbeben können größere Spannungen im Erdmagnetfeld vorausgehen. Wahrscheinlich reagieren Tiere auf das geringste Erzittern.

Man hat Winkerkrabben beobachtet, die vierundzwanzig Stunden vor Ausbruch eines Sturmes zu Tausenden von der Küste Honduras ins Inland wanderten. Sie wussten genau, wie weit sie zu marschieren hatten, um den Auswirkungen des bevorstehenden Tsunami zu entgehen. Im Winter 1955/56 brach in Russland der Vulkan Bezymyanny aus. Kein einziger der in seiner Nähe ansässigen Bären erlitt Schaden. Russischen Wissenschaftlern zufolge hatten diese bereits Tage bevor die Aktivität des Vulkans auf Instrumenten registriert wurde, ihren Winterschlaf unterbrochen und sich in Sicherheit gebracht. Vor Ausbruch des Mont Pelée auf Martinique, im Jahre 1902, zeigte sich das Vieh ungewöhnlich unruhig, heulten die Hunde ohne Unterlass und verzogen sich die Schlangen aus der unmittelbaren Umgebung. Die Vögel stellten ihren Gesang ein und verließen die Gegend.

Der Mauersegler gilt bereits seit langer Zeit als Wetterprophet. Er wird auch Sturmschwalbe, Regenschwalbe oder Sturmvogel genannt. Es heißt, er verlasse eine Gegend, wenn der Sturm noch mehr als achthundert Meilen entfernt tobt.

Die Katze einer Bauernfamilie in Kansas hatte in der Scheune vier Junge geboren. Einige Tage später bemerkte die Familie, dass ein Junges fehlte, desgleichen am nächsten und übernächsten Tag, bis alle vier verschwunden waren. In jener Nacht vernichtete ein Tornado die Scheune vollständig. Die Katzenmutter und ihre Jungen saßen sicher und wohlauf in einem entfernt gelegenen Nachbarhaus, das der Sturm nicht einmal berührt hatte.

Wenn es um die Wettervorhersage ging, achtete Frau Robinson aus Oklahoma City stets auf ihren Kater Felix. Verschlechterte sich das Wetter und es wurde nass und stürmisch, verkroch sich der Kater in die hinterste Ecke des Kleiderschranks. Hockte er auf dem Fenstersims, konnte man auf Sonnenschein hoffen. Angeblich hat sich Felix niemals geirrt. Bei bevorstehendem Regen ziehen sich Schlangen vor Menschen zurück. Der herkömmliche Wetterprophet für langfristige Vorhersagen ist das Murmeltier. Es scheint alljährlich am zweiten Februar aus seinem Winterschlaf zu erwachen. Ist es an diesem Tag bewölkt und er wirft keinen Schatten, wird er draußen bleiben, was angeblich bedeutet, dass das Wetter für den Rest des Winters mild bleibt. Schnellt er aber in sein Loch zurück, bleibt es die nächsten sechs Wochen frostig. Achtzehn Jahre lang untersuchte man sein Verhalten. Fünfzehnmal behielt das Tier recht. Nicht nur das Wetter und Naturkatastrophen vermögen Tiere zu prophezeien, sondern auch die Gefahren, die menschengemachte Stürme mit sich bringen. Während der Bombardierung Englands im Zweiten Weltkrieg achteten viele Engländer auf das Verhalten ihrer Katze, um auf einen Angriff vorbereitet zu sein. Ehe die Bomber auf dem Radarschirm sichtbar wurden oder ein Laut zu hören war, wurden die Katzen unruhig. Ihre Nackenhaare sträubten sich, und sie rannten zu den Schutzräumen. Die Menschen lernten, ihnen rasch zu folgen. Die englischen Zeitungen veröffentlichten zahlreiche Geschichten über solche Vorfälle. Noch vor Kriegsende wurde den Katzen die Dickin-Medaille mit der Inschrift verliehen: „Auch wir dienen."

Eine Explosion anderer Art wurde von einer Katze vorausgeschaut, die es liebte, auf oder neben dem Fernsehgerät zu schlafen. Eines Tages sprang sie von dem Apparat, starrte ihn einige Sekunden lang an und verlangte, hinausgelassen zu werden. Danach verließ sie das Zimmer, sobald der Fernseher eingeschaltet wurde. Einige Tage später explodierte die Bildröhre. Glassplitter flogen durch das Zimmer.

Zwei Journalisten schrieben über einen Hund, der aufgrund seiner übersinnlichen Fähigkeit seine Besitzerin rettete. Diese war mit ihrem Boxer in San Francisco zu Besuch. Um ihm Auslauf zu verschaffen, nahm sie ihn mit zu einem Park. Der Hund weigerte sich, das Auto zu verlassen, und bellte so aufgeregt, dass seine Eigentümerin mit ihm ins Hotel zurückfuhr. Dort angekommen, sprang er sofort aus dem Wagen. Als sie am folgenden Tag an jenem Park vorbeifuhr, bemerkte sie, dass ein riesiger Baum auf einen Wagen gestürzt war, der genau an der Stelle stand, an der sie am Vortag geparkt hatte. Später hörte sie, dass er nur wenige Minuten nach ihrer Abfahrt umgefallen war.

In einem anderen Fall beschützte ein Hund, dem es offensichtlich gegeben war, Gefahr vorauszusehen, eine ihm unbekannte Frau, die später einer Journalistin von ihrem Erlebnis berichtete:

„Vor fünfzehn Jahren erlebte ich eine seltsame Begegnung mit einem großen schwarzen Hund. Damals lag mein Mann im Marinehospital in Baltimore. In jener Zeit gab es Tag und Nacht zahlreiche Überfälle. Wir sorgten uns ein wenig, da meine Unterkunft drei Häuserblocks vom Krankenhaus entfernt lag. Am zweiten Abend sprang ein kräftiger schwarzer Hund aus der Hecke am Wegesrand und erschreckte mich fast zu Tode. Er begleitete mich zum Hospital und wartete, um mich später zurück zu meiner Unterkunft zu bringen. Er blieb auf dem Bürgersteig stehen und ließ mich nicht aus den Augen, bis ich die Stufen hinaufgestiegen war und die Haustür geöffnet hatte. Zwei Wochen lang begleitete mich dieser wunderbare Hund auf meinem Weg zum und vom Krankenhaus und wartete so lange, bis ich mich sicher im Haus befand. Zum letzten Mal sah ich ihn an jenem Tag, an dem mein Mann entlassen wurde. Ich weiß weder, woher der Hund kam oder wohin er ging, noch woher er von der Entlassung meines Mannes wusste."

Die Journalistin meinte dazu: „Tiere sind nicht Brüder oder Untergebene. Sie sind ein anderes Volk, das mit uns gemeinsam im

Netz des Lebens und der Zeit sein Dasein hat, gefangen in der Herrlichkeit und Mühsal der Erde. Nachbarn helfen bisweilen einander."

Spotty, ein Mischling, ahnte, dass seine Anwesenheit Schutz für sein Frauchen bedeutete. In der Nähe des Hauses von Maude Translin gab es einen kleinen Wald, in dem häufig Landstreicher hausten. Maude, die an der Stanford University arbeitete, war beunruhigt, dass sie nach der Arbeit bis spät abends alleine war. Ein befreundeter Polizist schenkte ihr Spotty. Der intelligente Hund begriff, dass er nach Einbruch der Dunkelheit auf sie achtgeben sollte. Tagsüber durfte er ihren Sohn zur Arbeit begleiten.

An einem Sommernachmittag kehrte Maude gegen fünf Uhr von der Universität zurück und wunderte sich, dass Spotty an der Tür auf sie wartete. Sie gingen ins Haus, und der Hund legte sich an eine Stelle, von der aus er alle Eingänge im Auge behalten konnte. Maude öffnete Fenster und Türen, um frische Luft hereinzulassen, und ging ins Schlafzimmer. Kurz darauf hörte sie ein lautes Klopfen an der Eingangstür. Leicht beunruhigt rief sie: „Ich komme gleich." Eine raue Männerstimme brummte Zustimmung. Dann hörte sie Spottys Nägel über den Boden kratzen. Der Mann rief: „Beißt der?" „Natürlich beißt er", antwortete Maude. „Bleiben sie ganz ruhig stehen." Der Hund stand knurrend an der Tür und zeigte seine Zähne. Maude ergriff ihn am Halsband. Grimmig dreinblickend, brummte der große Mann: „Ich habe Hunger. Ich will etwas zu essen." „Ich kann den Hund nicht loslassen. Schließen Sie die Tür und warten Sie. Ich werde Ihnen etwas in den Garten bringen."

Der Mann ging. Maude sank in die Knie und umarmte Spotty, der in der Hitze mehrere Kilometer weit gelaufen war, um bei ihr zu sein, Stunden bevor ihr Sohn ihn mit dem Wagen heimgefahren hätte. Nur dieses eine Mal war Spotty so zeitig nach Hause gekommen.

An der Küste Neuenglands bereitete William Montgomery sein Boot vor, um Flundern zu fangen. Er pfiff nach seinem Setter Redsy, der immer freudig aufsprang, wenn es zum Fischen ging. An jenem Tag aber weigerte er sich, blieb am Kai stehen und bellte. Selbst der scharfe Ton seines Herrn konnte ihn nicht von der Stelle bewegen. Es gab keinen Grund anzunehmen, dass mit dem Boot irgendetwas nicht stimmte. Das Wetter war hervorragend, kaum eine Brise und kein Wölkchen am Himmel. Mehr als fünfzig Boote liefen zu den Flunderbänken aus.

Montgomery vertraute der Intuition seines Setters. Er spürte, dass etwas nicht in Ordnung sein konnte, wenn der Hund ihn nicht begleiten wollte. Er fuhr nicht hinaus. Binnen einer Stunde schwoll die Brise völlig unerwartet zu einem fürchterlichen Sturm an. Meterhohe Wellen zerschlugen Boote und Küstenhäuser. Mehr als sechshundert Menschen verloren ihr Leben. Viele derer, die mit ihrem Boot hinausgefahren waren, kehrten nicht mehr zurück.

Ratten verlassen das Schiff bereits im Hafen, bevor es untergehen wird. In den Vierzigerjahren kaufte das Ehepaar Massey ein Stadthaus in Manhattans Osten. Ihnen gegenüber, auf der anderen Straßenseite, stand ein unbewohntes Sandsteingebäude, in das später eine Familie der 'feinen Gesellschaft' einzog. Die Hausherrin beklagte sich, dass die Mäuse in ihrem Haus überhandnähmen. Wenige Tage später beobachteten die Masseys zu ihrem großen Erstaunen Scharen von Mäusen in geradezu panischer Angst aus dem Gebäude flüchten. Als einige begannen, auf ihr Haus zuzusteuern, riefen sie den Kammerjäger. Tage später nahm sich jene Dame das Leben.

Die Villa stand eine Weile leer, bis sie von einem wohlhabenden Playboy erstanden wurde. Sein Tod erregte Aufsehen. Zuvor aber hatte Frau Massey beobachtet, wie ganze Horden von Mäusen das Haus verließen.

Bei dem nächsten Eigentümer handelte es sich um einen erfolgreichen Geschäftsmann. Eines Morgens goss Frau Massey ihre Blumen, als ihr Augenmerk auf die Mäusescharen fiel, die eilig das Haus verließen und die Straße überquerten. Wenige Tage später stürzte der Geschäftsmann mit dem Flugzeug ab.

Es gibt zahlreiche Berichte über Hunde, die den Tod ihres Besitzers oder nahestehender Personen vorausahnten. Angeblich haben mehrere Leute die Ermordung Lincolns vorausgesagt, aber niemand so eindeutig wie der Hund des Präsidenten. Das Personal des Weißen Hauses bemühte sich vergebens, ihn zu beruhigen. Kurz vor der Tragödie raste das sonst ruhige, sanftmütige Tier wie wild durch das Haus und heulte immer wieder klagend auf.

Der englische Romanschriftsteller Thomas Hardy besaß einen Drahthaarterrier namens Wessex, der eine besondere Zuneigung zu Hardys Freund Watkins hegte. An einem Frühlingsabend kam Watkins zu Besuch. Wessex begrüßte ihn mit freudigem Gebell, doch diese Freude ging bald in ein klägliches Winseln über. Zunächst glaubte man, er habe Schmerzen, und untersuchte ihn. Es fehlte ihm nichts. Im Arbeitszimmer gesellte sich der Hund zu den beiden Freunden und berührte immer wieder den Ärmel Watkins mit seiner Pfote, zog sie zurück und heulte gequält auf. Gut gelaunt verließ Watkins später seinen Freund.

Früh am nächsten Morgen läutete das Telefon. Gewöhnlich bellte Wessex. Mit der Nase zwischen den Pfoten lag er ganz still auf dem Boden. Watkins Sohn rief an, um mitzuteilen, dass sein Vater, etwa eine Stunde nachdem er das Haus seines Freundes verlassen hatte, gestorben war. „Wenn du ein Sandkorn vollständig kennst, kennst du das gesamte Universum", heißt es.

Zuzugeben, dass eine wache Seele wissen kann, was Tausende von Meilen entfernt geschieht oder was der morgige Tag bringen wird, fällt nicht leicht. Aber wenn eine andere Kreatur diese Fähigkeit besitzt, bedeutet dies eine Herausforderung für uns. Wir können auf verschiedene Weise damit umgehen.

Entweder wir bestreiten solche Berichte, was die einfachste Lösung wäre, da unsere Vorstellungen und Ideologien nicht weiter hinterfragt werden. Man schlägt damit zwar Türen zu, gesellt sich aber zu denen, die das Dogma über die Wahrheit stellen. Oder wir geben es zu, dass solche Dinge passieren, verbannen sie aber kopfschüttelnd in den Bereich der Wunder. Eine weitere Möglichkeit besteht darin, sich einzugestehen, dass zumindest einige Tiere übersinnliche Fähigkeiten besitzen, und zu versuchen, eine Antwort auf derartige Phänomene zu finden, indem wir unterschiedliche Nervensysteme und Gehirne gründlich untersuchen. Ein aus Sicht der Wissenschaft gängiger Weg, der aber wohl kaum zufriedenstellt. Da das Ganze mehr ist als die Summe seiner Teile, kann eine isolierte Untersuchung der Einzelteile niemals dem gesamten System gerecht werden. Das Problem der Laboruntersuchung besteht darin, dass der Forscher das Subjekt manipuliert und gleichzeitig erwartet, dass es sich normal verhält. Da seine Gefühle und Gedanken, die er nicht auszuklammern vermag, Energie erzeugen, wird er unbewusst ein Teil des Schaltkreises sein und somit eine nicht messbare Fehlerquelle liefern.

Um verstehen zu können, warum manche Tiere gewisse Dinge vorausahnen, sollte man sich intensiv mit ihrer außersinnlichen Fähigkeit befassen. Es ist bekannt, dass viele Kreaturen auf schwache Energiefelder und Schwingungen stärker reagieren als der Mensch. Daher nehmen sie wahrscheinlich feinste Schwankungen in ihrem Umfeld wahr, die sie als Zeichen der Veränderung erkennen und sich entsprechend verhalten. Je zivilisierter ein Volk, desto stärker scheint es sich auf die Technik zu verlassen, um sein Überleben sicherzustellen und sich seinen Wünschen entsprechend zu versorgen. Die Fähigkeit, die zartesten Düfte und leisesten Geräusche wahrzunehmen, trägt kaum zu unserem

Überleben bei. Gewiss mag der Mensch, falls erforderlich, eine erhöhte Sinneswahrnehmung zurückgewinnen. Ein Schriftsteller, der vierzehn Jahre im Gefängnis zubrachte, schrieb:

„Der Neuling im Gefängnis muss nicht nur eine neue Sprache lernen und sich in kleineren Tricks auskennen, er muss auch neue Sinne entwickeln, unzählige Tierinstinkte, die der zivilisierten Welt fremd sind. Lange vor Ende meines zweiten Jahres im Gefängnis konnte ich von Weitem und im Dunkeln die einzelnen Wärter an ihrem Atmen, ihrem Geruch, sogar am leisen Knacken ihrer Knochen voneinander unterscheiden. Aus einer gewissen Entfernung konnte ich die Zigarette in der Tasche eines Mannes riechen und in der Kirche ein Murmeln durch unbewegliche Lippen vernehmen, auch wenn der Wärter keinen Laut hörte. An der Art, in der sich ein Beamter räuspert, wird ein Langzeitgefangener erkennen, ob dieser ihn eine Stunde später meldet, weil er geraucht hat. Ein lebenslänglich Verurteilter ist keine Person. Er ist ein wachsames und effizientes Raubtier."

Viele der Instrumente, auf die wir uns inzwischen verlassen, gewähren uns Einblick in ein Universum, das wir ohne sie nicht wahrnehmen könnten. Vielleicht sind sich unsere Gefährten, denen es bislang an technischen Mitteln fehlt, der Vielschichtigkeit dieser Welt bewusster als wir Menschen.

Ein besseres Seh- und Hörvermögen, eine rasche Reaktionsfähigkeit und dergleichen erklären allerdings noch nicht das Wesen der Hellsichtigkeit beim Menschen. Das Gleiche gilt für die erhöhte Sensitivität von Tieren, die wohl kaum erklärt, warum ein Hund weiß, dass sein Herr ermordet werden wird, ein anderer frühzeitig heimkehrt, um sein Frauchen zu beschützen, oder Mäuse den Tod des Hausbesitzers vorausahnen. Offensichtlich spielt ein weiterer Faktor eine Rolle.

Falls die Theorie der Physik zutrifft, dass Materie auf ihr Energiefeld zurückgeführt werden kann und dieses sich in Bewusstsein verliert, dann ist die Welt ein Gedanke. Ihre Existenz gründet sich in dem großen Denker. Formen, Tiere und Menschen existieren letztendlich als Gedanke. Man hat lange Zeit die Ansicht vertreten, dass die Bewusstseinsfähigkeit von einer bestimmten Struktur abhängt und das Wesen dieser Struktur den Grad der Bewusstheit bestimmt. Heute geht man davon aus, dass der Gedanke die Form erschafft, nicht umgekehrt.

Diese Überlegung eröffnet uns eine andere Betrachtungsweise. Die Form oder Struktur eines Lebewesens sagt nicht immer etwas über das Ausmaß oder die Ebene seines Bewusstseins aus. Falls die Behauptung der Mystiker zutrifft, dass es sich beim Gehirn um eine Art Instrument handelt, dessen sich der Geist bedient, ist es der Geist, der wahrnimmt. Bei eingeschränkter Gehirnfunktion wird diese Bewusstheit in ihrer Ausdrucksform behindert. Vielleicht stehen Tiere dem universellen Geist näher als der Mensch, da sie der Gehirntätigkeit weniger Bedeutung beimessen. Vielleicht reflektieren sie das universelle Bewusstsein, in dem Zeit und Raum nicht existieren, während der Mensch aufgrund seiner Beschränkungen dieses Bewusstsein nicht zu schätzen vermag.

Visionen kennen weder Raum noch Zeit. Die Wahrnehmungen entspringen nicht der Ratio, sondern der Intuition. Aus diesem Grunde lassen sie sich für Menschen, die sich hauptsächlich auf Logik und Sprache verlassen, kaum übersetzen.

8

Das Übernatürliche

„Auf meinen Reisen außerhalb meines physischen Körpers befinde ich mich manchmal unbeabsichtigt in der Wohnung irgendeines Menschen. Ich versuche, sie ebenso unbemerkt zu verlassen, wie ich sie betreten habe. Gesehen werde ich höchstens von kleinen Kindern, die noch an andere Welten glauben. Sind Tiere im Haus, gelingt es mir selten, unbemerkt zu bleiben. Ihre Sinne scheinen schärfer oder empfindsamer zu sein als die der Menschen. Sie starren mich an und beginnen, Krach zu schlagen. Da ihre Besitzer mich nicht sehen, befehlen sie ihrem Tier, Ruhe zu geben."

Wir saßen im Schatten einer alten Pyramidenpappel nahe dem Wasser. Obwohl erst Anfang April, war die Luft lau, und wir hatten beschlossen, unseren Workshop im Freien abzuhalten. Auf dem frischen Gras sitzend, ließen wir unseren Gedanken freien Lauf, während wir unserem ungewöhnlichen Kurs-Leiter, Robert Monroe, lauschten. Das Thema lautete: „Erfahrungen außerhalb des physischen Körpers und ihre Bedeutung für die Erforschung des Bewusstseins." Zahlreiche Physiker und Verhaltensforscher hatten sich zu der viertägigen interdisziplinären Konferenz eingefunden.

Monroe hat wohl unzählige Male seinen physischen Körper

verlassen und sich vollkommen wach in seinem Astralkörper auf anderen Ebenen und in anderen Gefilden bewegt und ein Trainingsprogramm für diejenigen entwickelt, die ebenfalls solche Erfahrungen machen möchten. Er wird an dieser Stelle erwähnt, da er aus erster Hand berichten kann, was es bedeutet, ein „Geist" zu sein, der von den Erdbewohnern gesehen oder nicht gesehen wird. Abgesehen von Hellsehern und noch nicht programmierten kleinen Kindern, sind es Tiere, die seine Anwesenheit wahrnehmen. Der Mensch glaubt, sein Wahrnehmungsvermögen übersteige das seiner weniger begabten Brüder, und er verstehe daher die Welt besser. Die von führenden Experten bestätigten Beobachtungen Monroes zeigen, dass viele unserer Tierfreunde Lebensformen wahrnehmen, von denen wir nichts wissen. Wir meinen, unsere Umgebung zu verstehen, nehmen aber wahrscheinlich nur einen Bruchteil von ihr wahr.

Mark Twain erzählte einmal, dass ihn als Teenager die Unwissenheit seines Vaters erschreckte, er Jahre später aber höchst erstaunt war, was der alte Mann alles gelernt hatte. Wenn wir eines Tages höhere Bewusstseinsebenen erreichen, werden wir vielleicht entdecken, dass das Kleinste nicht das Geringste gewesen ist.

Einer meiner Freunde besaß eine gewisse Erfahrung als Bewohner zweier Welten. An ein Erlebnis erinnert er sich besonders deutlich, als er in einem Wohnviertel die Hunde erschreckte. Es war ihm sehr unangenehm, dass die verärgerten Besitzer ihre Tiere übel beschimpften. Sie ahnten nicht, dass diese nur wachsam waren. Seinen Berichten zufolge begegnete er Tieren, die „auf der anderen Seite" lebten. Er hätschelte einen Airedale, der Jahre zuvor gestorben war, und traf verstorbene Haustiere von Familie und Freunden. „Du glaubst gar nicht, wie glücklich mein Hund war, mich wiederzusehen. Es fiel mir schwer, ihn zurückzulassen", meinte er.

Gelegentlich spricht Fred Kimball mit im Jenseits lebenden Haustieren, wenn ihre früheren Besitzer ihn darum bitten. In einem Fall erfuhr er von einem Hund mit Namen Lamb, dass er bereits alt war und an einem lahmen Bein litt, als er starb. Er wollte der Familie nicht länger zur Last fallen. „Die Familienmitglieder bestätigten, dass Lamb sich eines Tages niedergelegt hatte und gestorben war", erzählte Kimball.

Charles Rhoades, ein bekanntes Medium, wird häufig gerufen, um in einem Haus unerwünschte Geister zu vertreiben. Seiner Erfahrung nach sind Tiere übernatürlichen Phänomenen gegenüber sensibler als Menschen. „Falls in einem Haus die Tiere nicht auf eine seltsame Erscheinung reagieren, nehme ich selten oder niemals etwas auf. Wahrscheinlich handelt es sich in solchen Fällen um Halluzination oder um eine lebhafte Phantasie."

Tiere zeigen oft eine geradezu unheimliche Sensibilität Umweltfaktoren gegenüber, die der Mensch nicht beachtet. Sie scheinen Geschehnisse und Phänomene wahrzunehmen, die er entweder nicht bemerkt oder nur schwach erkennt. Im Zusammenhang mit Erscheinungen wird häufig berichtet, dass das Tier bereits etwas wahrnimmt oder sich fürchtet, ehe der Besitzer eine Veränderung bemerkt.

Einer der ersten Forscher übersinnlicher Kräfte pflegte bei den Untersuchungen seinen Hund mitzunehmen, da dieser rascher auf paranormale Phänomene reagierte als Menschen. Der Glaube an die Kraft von Tier-Totems lässt sich in verschiedenen Gegenden der Erde beobachten. Die Wissenschaftler Gorer und Rose entdeckten, dass Totems als Informationsträger wirken. Die Ureinwohner Australiens fingen die Mitteilungen telepathisch auf. Das plötzliche Auftauchen des Totem-Vogels oder -tieres verkündet dem Mitglied dieses Totem-Clans, dass ein anderes Mitglied des Clans einen Unfall erlitten hat, krank oder gestorben ist. Manchmal handelt es sich bei dem Tier um eine Erscheinung, manchmal überbringt das wirkliche Tier durch sein ungewöhnliches Verhalten die Botschaft.

Gringo, der kleine Hund von Paul Vest, erkrankte ernsthaft an einer Magen-Darmentzündung. Die Antibiotikum-Behandlung zeigte keine Wirkung. Sein Zustand verschlechterte sich, und der Tierarzt gab die Hoffnung auf. Vest nahm den völlig geschwächten Hund mit nach Hause. In jener Nacht hielt er das kleine Bündel in seinem Schoß und dachte voller Mitleid: „Gibt es denn keine Macht, keine Kraft, die diesem sterbenden Hund zu helfen vermag?" Es war eher eine Frage als ein Gebet. Obwohl er keine Antwort erwartete, wurde dieser intensive Gedanke von einem tiefen Empfinden begleitet.

Unmittelbar darauf entfaltete sich ein seltsames Schauspiel. Zunächst spitzte Gringo die Ohren, als höre er etwas. Dann hob er langsam den Kopf und starrte auf etwas. Vest fühlte eine seltsame, unheimliche Gegenwart im Raum. Er folgte dem Blick des Hundes und erschrak zutiefst, als er eine kleine Gestalt erblickte, die einem Menschen mit einem hundeähnlichen Kopf glich. Sie zeigte sich ihm nur für den Bruchteil einer Sekunde. Gringo schien sie noch zu sehen, als sie dem Blick des Mannes bereits entschwunden war, und für Vest unhörbare Laute zu vernehmen. Der Körper des Hundes spannte sich an und zitterte. Wenige Minuten später schaute das Tier mit verändertem Blick zu seinem Herrchen auf. Es glitt auf seine Pfoten, wedelte mit dem Schwanz, trank warme Milch und schlief tief und fest. Wenige Tage später war er wieder wohlauf.

Was hatte es mit jener seltsamen Gestalt, halb Mensch, halb Tier, auf sich, die aus einer anderen Dimension kam und sich für den Hund verwendete? Woher nahm Vest die Kraft, sie herbeizurufen, oder handelte es sich um ein rein zufälliges Zusammentreffen? Warum war die Gestalt teils Mensch, teils Tier? Ist es allzu weit hergeholt, zu vermuten, dass dieses Wesen die Fähigkeit besaß, jede gewünschte Form anzunehmen und eine Gestalt wählte, die Mensch und Tier gerecht wurde? In der Mythologie gibt es unzählige Geschichten über derartige Wesen und ihre Kräfte. Vielleicht sind diese Mythen nicht reine Erfindung oder Symbolik. Die sich manifestierende Kraft zeigt sich nicht immer freundlich und liebevoll, denken wir an den Schwarzmagier, der die halbmenschliche Gestalt eines Werwolfs annimmt.

Das Wesen, das dem Ehepaar Norma und Tom Kresgal eines Nachts erschien, war gutmütig und ihnen wohlbekannt. Es handelte sich um ihren verstorbenen Collie Corky. Norma hatte den Hund unter merkwürdigen Umständen gefunden. Sie und Tom waren jung verheiratet und lebten auf einer Farm im Staate New York. Eines Tages bat ein Nachbar sie, bei seiner kranken Frau zu bleiben, während er in der Stadt Medikamente holte. Nach einer halben Stunde kehrte er zurück, und Nora machte sich auf den Heimweg. Nach einer Weile hatte sie das Gefühl, nicht alleine zu sein. Sie blieb stehen und schaute sich um, konnte aber nichts sehen und ging weiter. Das Empfinden blieb, und sie fühlte sich gezwungen, den Weg zum Wald einzuschlagen. Bald entdeckte sie einen großen Collie, der lang ausgestreckt auf dem Boden lag. Sein Hals war voller Blut. Er lebte noch. Als sie ihn streichelte, wedelte er müde mit dem Schwanz. Da sie ihn wegen seiner Größe nicht alleine tragen konnte, lief sie nach Hause, um Hilfe zu holen. Sie und ihr Schwiegervater brachten den Hund zum Tierarzt. Dieser entfernte eine Kugel, die die Stimmbänder verletzt hatte, aus seiner Kehle. Er konnte niemals mehr richtig bellen. Da niemand Anspruch auf den Hund erhob, gab Norma ihm den Namen Corky. Corky blieb sieben Jahre in der Familie. Als er starb, begrub man ihn auf der Farm unter einem Baum.

Zwei Jahre später bezog das Ehepaar die obere Wohnung eines Zweifamilienhauses in New York City. Nach knapp zwei Monaten „weckte mich ein seltsames Geräusch", erzählte Norma. „Es war

Corkys seltsames Gebell. Zunächst glaubte ich zu träumen und wollte weiter schlafen, als ich ihn erneut hörte, laut und deutlich." Norma stand auf und öffnete die Schlafzimmertür. Dicke Rauchwolken schlugen ihr entgegen. Sie weckte Tom. Die beiden konnten sich und den Hausherrn gerade noch rechtzeitig retten, ehe das Haus von den Flammen verschlungen wurde. „Tränen rannen mir über die Wangen. Tom glaubte, ich weinte wegen der verbrannten Sachen. Ich sollte mich beruhigen, denn wir wären doch versichert. Er wusste nicht, dass ich aus Dankbarkeit weinte. Ich dankte Gott, dass mein Corky zeitig genug zu mir kommen durfte, um mich zu wecken."

Die Araber behaupten, dass kein anderes Tier den Pferden in Bezug auf Mut und Feinfühligkeit gleichkommt und diese besonders bei Nacht von geistigen Kräften geleitet werden. Abgesehen von den Wüstenbewohnern, versichern auch viele Reiter, dass ein Pferd die Anwesenheit von Geistern und Gespenstern spürt und eindeutig auf übersinnliche Phänomene reagiert. In meiner Jugend bin ich viel geritten und habe erlebt, wie ein Pferd plötzlich stehen blieb, als habe es Gefahr gewittert. Der Grund ließ sich nicht immer ausmachen. Heute bin ich mir sicher, dass es etwas bemerkte, was sich meiner Sinneswahrnehmung entzog. Einmal ritten wir spät abends auf der Landstraße. Plötzlich blieb es stehen und bewegte sich nicht vom Fleck. Ich wollte möglichst rasch nach Hause, denn es begann zu regnen. Nach etwa einer Minute trottete mein Pferd weiter. In diesem Moment schlug ein Blitz vor uns auf der Straße ein, an einer Stelle, an der wir wahrscheinlich gewesen wären, hätten wir nicht angehalten.

Ein Offizier schleppte mehrere Kranke und Verwundete aus dem Hinterland auf einem Wagen, der von einem einzigen Pferd gezogen wurde. Es setzte ein solch heftiger Schneesturm ein, dass der Offizier sich bald hoffnungslos verirrte. Verzweifelt ließ er die Zügel los und ergab sich und die Menschen dem nahen Tod.

Aber das Pferd drehte um, ging eine kurze Strecke, drehte erneut und stampfte durch die immer stärker werdenden Schneewehen. Sie durchfuhren einen Wald, überquerten Felder und landeten schließlich im Innenhof eines Hospitals. Der Schnee fiel so dicht, dass das Pferd sich nicht auf seinen Geruchssinn verlassen konnte. Ein innerer Orientierungssinn musste es geführt haben.

Angus und Ken, die Söhne des Harvard-Professors William McDougall, fuhren mit der Familie und einem Fräulein Baird zu einem Picknick in der Nähe eines verlassenen Bauernhauses. Die Straße war so holprig, dass man das letzte Stück zu Fuß gehen musste. Das alte Zweizimmerhaus erhob sich verlassen und öde auf einem überwucherten Hügel. Während die Erwachsenen sich in einiger Entfernung niederließen, um das Essen vorzubereiten, erkundeten die beiden Brüder das Haus. Das Schindeldach war noch in Ordnung, aber die Tür hing in den Angeln. Innen führte eine Treppe zum Dachboden. Ken kletterte hinauf, während Angus sich hinter dem Haus umsah. „Schlanke Holunderbüsche wucherten bis über das Dach und bildeten eine Art Durchgang", erzählte er später. „Ich ging hinein und hörte mit einem Mal das Schnaufen eines Pferdes, das gegen die Wand zu treten schien." Zuerst dachte er, sein Bruder wolle ihm einen Streich spielen. Aber da kam Ken um die Ecke. Auch er hörte das laute, verzweifelte Schnauben und Stoßen. Die Brüder gingen in das Haus zurück. Es war leer. Sie starrten sich erschreckt an. Als sie zu der Picknickgesellschaft stießen, erzählte Fräulein Baird gerade die traurige Geschichte dieses Ortes. Vor vielen Jahren beschlossen die Pächter des Anwesens, ihr Glück woanders zu suchen. Sie ließen nur einen alten Schimmel zurück, von dem sie annahmen, dass er zu schwach sei, um die Reise zu überstehen. Offensichtlich hatte das Pferd bei einem Sturm Zuflucht im Haus gesucht. Dabei war die Tür zugeschlagen, und es konnte sich nicht mehr befreien. Als der Eigentümer im Frühjahr nach dem Rechten schauen wollte, fand er den Pferdekadaver, den er im Erdboden unter dem Haus begrub.

Ein befreundeter Schriftsteller arbeitet gerne während der Sommermonate in seiner Hütte im Hochland von Colorado. Der Weg dorthin ist nur mit Allradanrieb zu bewältigen. Früher war er von den Bergleuten benutzt worden. Später diente er den Holzfällern.

Eines Nachts warf der Vollmond sein magisches Licht über die hohen Berge, und er beschloss, den nahen Wald zu durchstreifen. Die atemberaubende Schönheit der Umgebung nahm ihn gefangen. Es ging ihm durch den Kopf, wie glücklich er sich doch schätzen konnte an diesem Ort, und dass er nicht in der Stadt leben musste. Plötzlich riss ihn das Stampfen von Pferdehufen vor ihm auf dem Weg aus seinen Träumereien. Er konnte sich nicht erklären, wer zu dieser späten Stunde in einer solch abgelegenen Gegend reiten konnte. Rasch verließ er den Weg und verbarg sich hinter einem Baum. Das Stampfen der Hufe kam näher, schien unmittelbar vor ihm zu sein und verlor sich den Weg hinunter. Mein Freund löste sich aus dem Baumschatten, von wo aus er den gesamten Weg übersehen, aber kein Pferd entdecken konnte. „Das Mondlicht leuchtete so hell, dass sogar die Farbe der Gräser sichtbar war", erzählte er mir. „Man hätte das Pferd sehen müssen, als es an mir vorbei kam, aber ich hörte nur den Klang seiner Hufe."

In einer ähnlichen Nacht und zur selben Stunde hörte er das Pferd nochmals. Er war zu weit entfernt vom Weg, um es eventuell sehen zu können. Ein Bekannter, der ihn besuchte, fragte eines Morgens: „Reitet jemand hier in der Gegend?" Überrascht meinte mein Freund: „Nun, ich weiß nicht genau. Wahrscheinlich kommen hin und wieder Reiter diesen Weg entlang. Warum?"

„Vermutlich bin ich nicht an die Stille hier oben gewöhnt. Letzte Nacht wachte ich auf. Da ich nicht wieder einschlafen konnte, zog ich mich an und ging nach draußen. Es war eine wundervolle Nacht, und ich wanderte umher. Da hörte ich jemanden auf einem

Pferd den Weg herunterkommen." „Hast du ihn gesehen?" „Nein. Ich konnte nichts sehen, nur deutlich hören, wie jemand den Weg hinunter ritt." Mein Freund schwieg.

Gewöhnlich beziehen sich derartige Berichte auf Hunde, Katzen und Pferde. Dies liegt wahrscheinlich daran, dass es sich dabei um die üblichen Haustiere handelt. Vor Jahren durfte ich während eines Meditationskurses den Geist eines Rotwilds sehen.

Dieser Kurs fand in einer recht ungewöhnlichen Umgebung statt. Auf dem Grundstück erheben sich fünf riesige Blautannen, die alle anderen Bäume dieser Gegend überragen. Man glaubt, dass ein weit fortgeschrittener Deva darin wohnt und über das Gebiet wacht. Noch ehe der weiße Mann kam, haben die Indianer aufgrund der Anwesenheit dieses Geistes dem Ort bereits Heilkräfte zugeschrieben. Manche Leute suchen ihn mindestens einmal im Jahr auf, um zu meditieren, zu entspannen und „wieder auf die Beine zu kommen". Es ist stets ein Erlebnis, sich in dieser unverbrauchten Natur aufhalten zu dürfen. Es gibt Rotwild, Stachelschweine, Erdhörnchen, Backenhörnchen, Grauhörnchen, die unterschiedlichsten Vögel und sogar Stinktiere, die ganz nahe kommen, weil sie wissen, dass sie geliebt und beschützt werden.

Eine der Blautannen, unter der ich nachts gerne meditiere, steht am Rande des Weges, der durch das Gelände führt. Meinen Rücken gegen ihren Stamm gelehnt, überkommen mich Wohlbehagen und Frieden. Ich spüre die hohen Schwingungen, die mich durchströmen. Nach einer lebhaften philosophischen Diskussion suchte ich diesen Platz auf, um ein wenig zu meditieren. Die Nacht war sternenklar und von einem magischen Zauber erfüllt.

Nach einer Weile musste ich unwillkürlich die Augen öffnen. Nur wenige Meter vor mir bewegte sich ein Hirsch langsam den Weg entlang. Zunächst glaubte ich, es sei der Bock, dem ich wenige Tage zuvor auf einer Lichtung begegnet war. Wir hatten uns kurz angeblickt, dann graste er ruhig weiter. Dieser Hirsch war kleiner. Er kam auf mich zu und schien meine Anwesenheit zu bemerken. Er blieb stehen und schaute in meine Richtung. Ich schaute ihn an und blickte gleichzeitig durch ihn hindurch. Ich erkannte die Büsche direkt hinter ihm am Wegrand. Gedanklich bat ich ihn, näher zu kommen. Er hielt inne, blickte in meine Richtung, setzte seinen Weg auf dem mondbeschienenen Pfad fort und verschwand im Wald. Ich habe ihn nicht mehr gesehen, nur eine Berührung gespürt, als ich wieder einmal an jenem Ort meditierte.

Es heißt, die „Dun Cow of Warwick" sei definitiv eine Erscheinung. Ihre Hufe sind lautlos, und sie hinterlässt keine Spuren im Gras. Sie kommt, um den Earl von Warwick auf den bevorstehenden Tod eines Familienmitgliedes hinzuweisen.

Zwei weiße Tauben auf dem Dach des Herrenhauses gelten als ähnliches Zeichen für die Wächter von Arundel. Der Legende nach glitten zwei unbekannte weiße Vögel mit strahlenden Schwingen über die Ebene, als der Bischof von Salisbury starb. Wenn das Familienoberhaupt auf dem Sitz des Marquis von Barth im Sterben liegt, erhebt sich einer der Schwäne aus dem Schlossteich und kehrt nicht mehr zurück. Lord Barth erzählte, dass sein älterer Bruder, der damalige Marquis, im Ersten Weltkrieg in Frankreich kämpfte. Eines Tages beobachtete seine Mutter, wie sich fünf Schwäne vom Wasser erhoben, auf sie zuflogen und das Haus umkreisten. Einer von ihnen verließ die Gruppe und entfernte sich, während die übrigen vier zum See zurückkehrten. Am folgenden Morgen erhielt sie die Nachricht vom Tode ihres Sohnes.

Die Verwandte eines bekannten Diplomaten in Frankreich, die nach dem Umgarn-Aufstand 1956 geflohen war, besuchte ihn in seiner Wohnung in Paris. Eines Morgens erschien sie völlig aufgelöst. „Was ist los?", fragte er. „Ich habe in der Nacht die Eule gehört." „Welche Eule?" „Es war wie zu Hause. Wenn in Ungarn vor dem Schlafzimmerfenster eine Eule heult, stirbt ein Mitglied oder ein enger Freund der Familie." „Unsinn", schalt er. „Wir leben mitten in der Stadt. Es gibt hier keine Bäume, die Vögel anziehen könnten. Außerdem weiß ich weder hier noch in Ungarn von einem Verwandten oder Freund, dessen Tage gezählt sind." Am nächsten Morgen musste der Diplomat zugeben, dass auch er die Eule in der Nacht gehört hatte. Dennoch glaubte er nicht an ein Todeszeichen. Gegen Mittag erfuhr er, dass die Frau seines Cousins bei einem Autounfall vor Paris ums Leben gekommen war.

Alle Lebensformen scheinen von einem einzigen Bewusstsein getragen zu sein und auf irgendeiner Seinsebene voneinander zu wissen. Das kollektive Unbewusste wird bisweilen bewusst. In solchen Momenten wundern wir uns über die Fäden, die die Erdbewohner zusammenhalten. Raum und Zeit verschwinden. Leben und Tod sind untrennbar voneinander. Es bleibt die Einheit, die sich zuflüstert.

Ein englisches Magazin berichtete vor Jahren von einem ungewöhnlichen Kater. Fingal schien einen ausgeprägten Sinn für Verantwortung und Zuneigung anderen Haustieren gegenüber zu besitzen. Zu diesen zählte eine Schildkröte, die häufig auf den Rücken fiel. Wenn dies geschah, rannte Fingal unverzüglich zu irgendeinem Familienmitglied und bestand darauf, dass man sie sofort rettete. War eines der Kaninchen erkrankt, hockte sich der Kater dicht neben den Käfig und hielt so lange Wache, bis eine Besserung eintrat. Erkrankte ein Mensch, hielt er Abstand, bis er wieder gesund war. Die Familie sah in seinem Verhalten ein Omen.

Fingal achtete auf einen geregelten Tagesablauf. Seine Besitzerin erzählte: „Er liebte es, abends nach draußen zu gehen. Eine Stunde später kehrte er pünktlich um neun Uhr zurück und kratzte an die Terrassentür, um eingelassen zu werden." Kurz nach seinem Tod hörte die Familie ein eindringliches Tapsen an der Terrassentür. Wurde sie geöffnet, hörte es auf. Mehrmals glaubte man, ihn auf seinem gelben Lieblingskissen schnurren zu hören.

Eines Nachmittags kam eine Freundin mit ihrer Siamkatze zu Besuch. Als diese sich dem Stuhl mit Fingals gelbem Kissen näherte, machte sie aus Furcht einen Buckel. Mit den Augen schien sie etwas zu verfolgen, das sich auf die Terrassentür zubewegte. Nachdem man sie geöffnet hatte, legte sich die fremde Katze auf das verlassene Kissen.

Eine andere Katze wurde noch Jahre nach ihrem Tod von einigen Leuten wahrgenommen. Zwei Freundinnen, die eine Klosterruine besuchten, sahen auf dem Torpfosten eine wunderschöne weiße Katze sitzen. Sie näherten sich ihr, um sie zu streicheln. In diesem Augenblick schoss das Tier hoch und verschwand. Die beiden Frauen konnten sich nicht erklären, wo sie geblieben war. Zwei Tage später fuhren sie denselben Weg entlang und sahen die Katze wieder auf ihrem Pfosten thronen. Sie beobachtete die Ankömmlinge mit freundlicher Miene und entschwand, als sie sich ihr näherten. Die beiden Frauen hielten im Dorf, um eine Tasse Tee zu trinken. Sie erzählten der Kellnerin von dem Vorfall. Diese lächelte nur. Eine Dame am Nachbartisch fragte, ob es sich um eine große weiße Katze gehandelt hatte. Die Freundinnen bejahten. „Gott im Himmel!", rief die Dame. „Sie sind genau zum richtigen Zeitpunkt vorbeigefahren, um den Katzengeist von Congleton zu sehen." Dann begann sie zu erzählen. Seit mehr als fünfzig Jahren lebte sie in dem Dorf und erinnerte sich noch genau an die Katze. Sie gehörte der Haushälterin im Kloster. Diese liebte ihre Katze sehr. Eines Tages verschwand das Tier, und sie war sicher, dass es einer Hundemeute zum Opfer gefallen war. Daher überraschte es sie sehr, kurze Zeit später ein Miauen vor ihrer Tür zu hören. Freudig lief sie zur Tür, um das Tier hereinzulassen, aber so sehr sie es lockte, es wollte nicht ins Haus. Es verharrte noch eine Weile vor der Tür und verschwand wieder. Dies wiederholte sich Abend für Abend. Die Frau öffnete die Tür, aber die Katze weigerte sich einzutreten. In einer mondhellen Nacht sah sie, wie sich das Tier plötzlich auflöste. Erschrocken wurde der Frau bewusst, dass ihre Katze ein Geist war. Sie reagierte nicht mehr auf deren abendliches Miauen. Bald verließ sie die Gegend, da ihr eine lebendige Katze lieber war als ein Geist. Die Frau im Teeladen fügte hinzu, dass dies zwar vor vierzig Jahren geschehen sei, von dem Katzengeist aber heute noch jeder im Dorf wisse.

Eine andere Geschichte handelt von Rex. Der große Hund war von klein auf seinem Herrn treu ergeben. Am liebsten hielt er sich vor dessen Arbeitszimmer auf. Das Speisezimmer durfte er nicht betreten. Er beobachtete die Familie während der Mahlzeiten durch das Terrassentür-Fenster hinter dem Stuhl seines Herrn. Ein Jahr, nachdem Rex gestorben war, besuchte nach langjähriger Abwesenheit ein Freund die Familie. Eines Nachmittags saßen die beiden Männer im Speisezimmer und unterhielten sich. Als sie den Raum verließen, meinte der Freund: „Ich dachte, ich kenne alle deine Hunde, aber da ist einer, den habe ich noch niemals gesehen. Ich meine den großen Hund mit den hellbraunen Haaren und der Narbe auf der Nase. Er stand hinter dem Fenster und starrte dich unentwegt an. Jetzt ist er weggelaufen." Es musste Rex gewesen sein, denn er war der einzige Hund, auf den diese Beschreibung zutraf. Ein anderer Freund, der sich einmal mit Rex befasst hatte, da er sich für Mischrassen interessierte, besuchte eines Abends die Familie. Als er sich verabschiedete, meinte er zum Hausherrn: „Ich hätte auch gerne einmal einen Hund, der mich so verehrt, wie Rex dir ergeben ist. Ich habe ihn heute Abend beobachtet. Er lag zu deinen Füßen und ließ dich nicht aus den Augen." „Aber der Hund ist doch schon seit zwei Jahren tot!" „Ja, ich erinnere mich: dennoch hätte ich schwören können, dass er den ganzen Abend über zu deinen Füßen am Feuer lag."

Terhune bemerkte, dass Bruce, der als einziger von seinen Collies Zutritt zu seinem Arbeitszimmer besaß, noch vier Jahre nach dem Tod von Rex sich niemals auf dessen früheren Platz niederließ. Wenn er das Zimmer betrat, umging er sorgsam diese Stelle, als läge jemand dort, den er nicht berühren wollte. Mehrere Gäste des Hauses beobachteten dieses Verhalten.

Der Psychoanalytiker Nandar Fodor berichtete von den beiden Hunden Skippy und Teddy. Skippy starb an Asthma und wurde im Garten begraben. Am selben Abend hörte man sein vertrautes Schnüffeln. Auch Teddy spitzte die Ohren und sucht im Haus nach seinem Spielgefährten. Er starb sieben Jahre später. Seine Besitzerin erzählte: „Am Abend hörten wir ihn wie während seiner Krankheit keuchen. Meine Mutter hörte es ebenfalls." Fodor meinte, Halluzination sei ausgeschlossen, da beide Frauen unabhängig voneinander die Tiere gehört hatten.

Manchmal scheinen Haustiere vorübergehend auf diese Seite des Lebens zurückzukehren, um eine bestimmte Aufgabe zu erfüllen. Ruth, die Frau eines Pfarrers, arbeitete in einem Hospital. Eines Nachts holte man sie zu einem Sterbenden. Da sie in der Nähe wohnte, konnte sie zu Fuß gehen, musste aber eine einsame, unbeleuchtete Strecke entlanglaufen. Als sie aus dem beleuchteten in den dunklen Abschnitt ging, hielt ein Auto mit zwei Männern neben ihr. Sie begann zu rennen. Das Auto folgte ihr. In diesem Moment schoss ihr großer weißer Collie vor und lief zwischen ihr und dem Auto. Die Männer suchten das Weite. Da dämmerte es ihr, dass der Hund wenige Wochen zuvor gestorben war. „Mein Mann ist Pfarrer. Wir sind nicht abergläubisch. Aber manchmal wirkt Gott auf seltsame Weise", meinte sie später.

„Wie oben, so unten", heißt es. Aufgrund mangelnden Wissens messen wir der Unterscheidung zwischen dem Leben vor dem Tod und einem Leben danach allzu große Bedeutung bei. Leben ist Leben. Seine Wahrnehmung hängt von der Art unserer Beobachtung ab. Unsere Fähigkeiten umfassen einen viel weiteren Bereich, als wir jemals zu träumen wagten. Vielleicht sollten wir uns an ein Gebet des Hl. Basilius, des Erzbischofs von Cäsarea, aus dem Jahre 370 erinnern:

„Gott schenke uns das Gefühl für die Gemeinschaft mit allem Lebendigen, unseren kleinen Brüdern, denen Du die Erde, gemeinsam mit uns, als Heimat gegeben hast. Mögen wir erkennen, dass sie nicht für uns alleine leben, sondern für sich selbst und für Dich; und dass sie das Leben lieben, ebenso wie wir. Sie dienen Dir an ihrem Platz besser als wir an unserem."

9

Gefangene Schönheit

Ich beobachtete, wie er sich der großen Diamant-Klapperschlange näherte. Sie regte sich nicht. Als ich hingegen auf sie zuging, nahm sie augenblicklich Kampfstellung ein. Ich zuckte zurück. Der Indianer lächelte: „Du bist nicht ihr Bruder."

„Sie spürt meine Angst", erwiderte ich. „Ja, aber sie liest dein Herz", meinte mein Begleiter. Im Südwesten gibt es viele Klapperschlangen. Indianer sind selten ihre Opfer.

Die Schlange wird wohl am meisten unterschätzt. Sie besitzt keine Flossen und schwimmt doch wie ein Fisch. Sie hat keine Beine, kann sich aber so rasch wie der Mensch fortbewegen. Manche Schlangen klettern wie die Affen auf Bäume, ohne Hände und Füße zu besitzen. Sie schlafen mit offenen Augen und hören Geräusche, obgleich es ihnen an voll ausgebildeten Ohren mangelt. Schlangen kriechen über die Erde, ohne sich zu beschmutzen. Vielleicht beruht unsere Aversion gegen dieses Tier auf unseren eigenen Unzulänglichkeiten.

„Wenn du eine Schlange betrachtest und nennst sie abstoßend, sprichst du da nicht von etwas in dir selbst?", fragte der Indianer. „Schaue hin, was sie leistet, so wie sie ist. Missgönnst du es ihr?"

Warum schrecken viele Menschen zurück, wenn sie eine Schlange sehen? In der Genesis heißt es, dass der Mensch von einer Schlange verführt wurde und sie aus diesem Grunde verachtet, was sein Verhalten ihr gegenüber allerdings nicht überzeugend erklärt. Die Einstellung des Verfassers der Genesis mag hier zutagetreten, denn in Kulturkreisen außerhalb der jüdisch-christlichen Überlieferung sind Schlangen nicht immer so schlecht weggekommen.

Weder der Indianer noch der Inder reagiert in dieser Weise. Er anerkennt die übernatürliche Weisheit der Schlange. Die aufgerollte Schlange gilt für ihn als Symbol der Universalenergie. Die alten Ägypter hielten die Schlange in Ehren und glaubten, dass sie übersinnliche Fähigkeiten besitze, die jenen zum Glück gereichten, die sich um die Tiere kümmerten. Die Pharaonen fütterten und verwöhnten oft mehrere Schlangen. Sie dienten ihnen als eine Art Schutzsymbol. Eine Schlange mit ihrem Schwanz im Maul galt als Symbol der Unendlichkeit und der Einheit des Lebens.

Im alten Griechenland hielt man die Schlange ebenfalls in Ehren. Man glaubte an die Heilkraft dieses Tieres. Die griechischen und römischen Götter der Heilkunst wurden mit einem Stab dargestellt, um den sich eine Schlange windet. Merkur, der Götterbote, trägt meistens einen Stab mit Flügeln und zwei sich emporwindenden Schlangen.

In der Maya-Kultur wurde der Gott Kukulcan verehrt, dargestellt als Schlange mit einem gefiederten Schwanz. Er bewachte den Tempeleingang.

In den jährlichen religiösen Zeremonien der Hopi-Indianer findet man auch heute noch die Schlange. Sie verehren diese zwar nicht, glauben aber, dass sie aufgrund ihrer übersinnlichen Fähigkeiten die Botschaft der Götter übermittelt. Die Männer und Jungen der Hopi sammeln die Schlangen und setzen sie in Tonkrüge. Während der Zeremonie tanzen die Priester mit den Schlangen in den Händen und halten sie sogar mit ihrem Mund fest. Da die Tiere liebe- und respektvoll behandelt werden, greifen sie nicht an.

Beth Brown schreibt in ihrem Buch *ESP with Plants and Animals*: „Es ist bekannt, dass eine Klapperschlange einen weißen Mann angreifen mag, aber selten einen Indianer. Zwischen der Schlange und dem Indianer herrscht Frieden. Letzterer kann sich dem Tier nähern, ohne Gefahr zu laufen, angegriffen zu werden."

Was geschieht bei der Begegnung zwischen einem weißen Mann und einer Schlange? Basierend auf seinem jüdisch-christlichen Verständnis, dass Schlangen verabscheuungswürdige Kreaturen sind, weicht der Mann zurück. Während der Adrenalinspiegel steigt, entsteht das brutale Verlangen in ihm, die Schlange zu töten. Vielleicht handelt es sich um ein völlig harmloses Gartentier, das sich gerade nützlich macht, Insekten und Feldmäuse zu vertilgen. Aber der Mensch fühlt sich dazu getrieben, die Schlange zu vernichten. Er ist hasserfüllt. Dieses Gift durchzieht seine Ausstrahlung und seine Gedanken.

Die Schlange reagiert höchst sensibel auf solche Energiefelder. Der emotionale und mentale Angriff des Mannes lässt sie in die Defensive gehen. Sie ist alarmiert, flieht oder schlägt zu. Wenn sie zubeißt, bleibt ihr keine andere Wahl. Klapperschlangen beißen nur, wenn man sie provoziert. Selbst wenn sie eingeengt werden, verhalten sie sich ganz still, in der Hoffnung zu entkommen. Erst wenn es keinen Ausweg mehr gibt, richtet sich das verängstigte Reptil auf.

Einem Indianer gegenüber verhält sich das Tier völlig anders. In beiden lässt sich nicht das geringste Anzeichen von Furcht oder Feindseligkeit bemerken. Haben sie sich einander genähert, werden sie innehalten, sich gegenseitig einige Minuten freundlich betrachten und ihrer Wege gehen. Sie achten einander als gleichberechtigt. In jenem Moment des Innehaltens haben sie sich verständigt.

Freunde aus Indianerstämmen haben mir von der seltsamen Verständigung eines Indianers mit der Natur erzählt, wie er dem

Wind lauscht und eins ist mit dem Herzen des Kojoten. Als Student folgte ich während des Sommers den Weizenernten von Kansas bis nach Kanada. In Süd-Dakota lernte ich eine Sioux-Indianerin kennen, Lois, *Fliegende Wolke*. Wir waren wie Bruder und Schwester und bald sehr vertraut miteinander. Manchmal sah ich sie, wenn ich am Abend von den Feldern heimkam. Sie arbeitete als Sekretärin für eine Kirche und sparte ihr Geld, um Kunst zu studieren. Der Sonntag war unser gemeinsamer Tag. Wir wanderten durch die Hügellandschaft und erfreuten uns an unseren Entdeckungen. Lois war in einer Indianerfamilie aufgewachsen, die die Notwendigkeit begriff, sich mit der Kultur des weißen Mannes auseinanderzusetzen. Gleichzeitig achteten sie die mystischen Erfahrungen ihres Volkes und gaben sie an ihre Kinder weiter. Lois war eine Mystikerin. „Lausche dem Wind, er streift die Seele alles Lebendigen. Kleinste Partikel von dem, was er berührt, nimmt er mit auf seine Reise, Düfte, Pollen, Staub und die zarten Klänge, die sich mit dem verändern, was er berührt."

Ich musste meine Augen schließen. Sie nahm mich bei der Hand und führte mich umher. Ich sollte dem Wind lauschen und die Umgebung beschreiben – Bäume, Felsen, Hügel oder Gras. Mit geschlossenen Augen saß ich im Gras und sollte in ihre Richtung weisen, während sie, einige Meter von mir entfernt, sich im Kreis drehte. Manchmal habe ich richtig geraten. Wenn sie sich zu mir setzte, lachten wir. Es war doch recht schwierig, einen weißen Mann „einzustimmen". Tauschten wir die Rollen, schien sie mit geschlossenen Augen mehr wahrzunehmen, als ich mit geöffneten. „Ein großer Vogel fliegt über uns hinweg", meinte sie. Ich schaute auf und entdeckte einen Habicht, der am Himmel dahinglitt.

Wir lagen entspannt im Gras, blickten in den Himmel und ich fragte sie: „Woher wusstest du, dass der Vogel dort oben flog? Du konntest ihn doch nicht hören." Sie schwieg eine Weile, drehte sich um und starrte ins Gras, als beobachte sie dort etwas. Dann erklärte sie langsam: „Als Lois konnte ich den Habicht, der etwas anderes, der nicht ich ist, weder sehen noch hören. Aber dann befreite ich mich aus diesem Körper. Alles, was nicht ich war, wurde ich... schwierig in Worten auszudrücken." Ihre Finger glitten so zärtlich durch das Gras, als liebkose sie das Haar eines Geliebten.

„Wenn mein Geist fliegt, reitet er auf dem Wind und wird eins mit allem. Dann bin ich nicht mehr ein Mädchen, das einen Habicht sieht. Ich bin ebenso der Habicht, der ein Mädchen sieht. Wo höre ich auf, und wo beginnt der fliegende Vogel? Ich weiß es nicht. Ich weiß nur, dass er Teil meines Seins ist. Er ist dort. Ich sehe ihn in mir selbst. Du magst sagen, der Habicht und ich kommunizieren auf telepathischer Ebene. Mag sein, aber ich spreche mit dem Hügel und mit dem Gras. Der Habicht kennt dies auch, und wir sind alle eins. Wir atmen und werden von dem Großen Wind geatmet."

Lois lehrte mich, dass sich der Indianer bemüht, im Einklang mit dem Großen Geist zu leben, mit dem Einen Bewusstsein. Der Mensch muss jede Lebensform als Teil seiner selbst achten und lieben, nicht nur im philosophischen Sinn, da wir alle auf diesem Planeten leben, sondern in der Überzeugung, dass es letztlich kein Getrenntsein gibt.

Dieses Empfinden der Einheit erreicht seine höchste Verwirklichung im indianischen Medizinmann. Seine Ausbildung, die jeden akademischen Werdegang in unserem Kulturkreis bei weitem übersteigt, ist nicht eher abgeschlossen, als bis er die Begrenzung der Subjekt-Objekt-Wahrnehmung überwunden hat. Er muss völlige Einheit mit allen Lebensformen lernen.

„Wie kann er das Leben verstehen, wenn er nicht Teil des Lebens ist?", meinte der Medizinmann Rolling Thunder bei einer Konferenz führender Wissenschaftler westlicher Kultur. „Er muss lernen, im Herzen des Kojoten zu leben. Es hat nichts mit Poesie zu tun, sich vorzustellen, was der Wolf oder die Eule fühlt. Der

Medizinmann muss sein Bewusstsein in das Tier lenken und sich selbst als Vogel, Kojote und so fort verstehen. Er muss mit den Augen des Kojoten sehen, mit seinen Ohren hören, seine Gedanken lesen…"

Diese erstaunliche Fähigkeit des Menschen, von Tieren etwas über die Welt zu erfahren, von der zumeist angenommen wird, dass sie jenseits ihres Begreifens liegt, beschränkt sich nicht auf eine bestimmte Menschengruppe. Jeder, der genügend Geduld aufbringt, dem Leben zu lauschen, vermag diese Wahrnehmungsfähigkeit zu entwickeln.

Dan lebte in der Wüste. Wortlos unterhielt er sich mit den Tieren und ließ sie an seinen Gedanken teilhaben. Er las weder Bücher noch Zeitschriften oder Zeitungen, hörte niemals Radio, sah nicht fern und fragte nur selten andere Menschen. Dennoch war er immer überraschend gut informiert. Diese Informationen erhielt er von seinen Hunden und den Bewohnern der Erdlöcher, von Wildtieren, Schlangen, Insekten oder Vögeln, im Grunde genommen von allem, was seinen Weg kreuzte. Das Geheimnis lag weniger in Dans Fähigkeit, den Tieren seine Gedanken mitzuteilen, als vielmehr darin, dass er verstand, was das Tier zu ihm sagte.

Das Leben wahrhaft zu verstehen, entspringt einem Punkt, an dem die Einheit von Selbst und Nicht-Selbst begriffen wird. Nichts steht dazwischen. Erinnerung, Assoziation, Auswahl oder weitschweifiges Denken in Bezug auf das Objekt gibt es nicht. Dies in seiner Kahlheit zu erleben, heißt die Einheit mit dem Objekt zu erfahren. Die Subjekt-Objekt-Beziehung verliert ihre Bedeutung. Die undifferenzierte Vision lässt den Menschen zur spirituellen Bewusstheit erwachen. Diese Bewusstheit liegt jenseits von Raum und Zeit. Sie hat beide Aspekte hinter sich gelassen. Mit dem Verstand kann man ein Objekt identifizieren. Diese Identifikation erübrigt sich, denn sie wird durch die Beseitigung all dessen, was dazwischentritt, erlebt. Einheit wird durch Sein erfahren.

Die östlichen Lehren stimmen mit dieser Überlegung weitgehend überein, wenn es heißt: „Die höchste Wirklichkeit ist das Eigentliche, das Nichtreduzierbare. Sie ist reines, undifferenziertes Bewusstsein. Sie ist *Chit*, überall eins und universell, der Gottesgeist. Dieses Bewusstsein ist die Schöpferkraft, welche sich als höchste Macht manifestiert. Jedes Geschöpf entspringt diesem Bewusstsein. *Sat* ist das Sein, absolutes Sein. *Chit* ist reines Bewusstsein. Ihre gemeinsame Essenz ist *Ananda*, Glückseligkeit. Zuerst ist da die reine, unwandelbare Bewusstseinsquelle, aus der die *Tattvas* oder Schöpfungsprinzipien hervorgehen, die in ihren Manifestationen die veränderlichen, aktiven Aspekte kosmischen Bewusstseins bilden. Auf allen Bewusstseinsebenen basiert die Erfahrung auf einer einzigen höchsten Einheit, die als subjektive Erleuchtung erfahren werden kann. Wenn dieses reine Bewusstsein sich nur schwach im Ego-Bewusstsein bricht, wird Aufspaltung erlebt. Wird die Bewusstseinseinheit zersplittert und die Quelle bleibt verborgen, spricht man von *Maya*, einem irreführenden, eingeschränkten Bewusstsein. Weitere Fragmentierungen führen zur Vielfalt der Schöpfung. Das Leben ist ein kontinuierlicher Prozess, der sich aus der Auflösung kosmischen Bewusstseins herauskristallisiert. Das Bewusstsein destilliert dann die Weisheit aus den Erfahrungen eines komplexen Lebens."

Ein Medizinmann der Irokesen vertritt die Meinung, dass es sich bei dem, was wir unter Bewusstsein verstehen, lediglich um den Mentalbereich des Menschen handelt und es Vieles gibt, das der Mensch weder sieht noch hört oder fühlt. „Es gibt Bewusstseinsebenen, zu denen die meisten Menschen keinen Zugang haben, andererseits ist Bewusstlosigkeit nur eine andere Bewusstseinsebene. Bewusstsein kann im Tier, in der Pflanze, im Atom, in allem in der Natur gefunden werden. Wir sind noch nicht vollständig erwacht, wenn wir in der Natur kein Bewusstsein erfahren."

Je mehr ein Individuum erwacht oder erleuchtet ist, desto stärker erkennt es, dass das gesamte Leben und nicht nur eine seiner Formen von Bewusstsein durchdrungen ist. Ramakrishna, Patanjali, Jesus, Buddha, Mohammed, Wesley, Schweitzer, Schwarzer Elch und Einstein sind nur einige der Großen dieser Welt, die neben den Menschen mit allen Arten des Tierreiches zu kommunizieren und von ihnen zu lernen verstanden.

In dem Buch *Black Elk Speaks* von John G. Neihardt erklärt Schwarzer Elch: „Aus dem Verstehen entsteht Macht. Die Macht der Zeremonie liegt im Verständnis dessen, was sie bedeutet. Nichts vermag zu leben, außer auf dem Weg, auf dem die heilige Kraft lebt und sich bewegt."

Schwarzer Elch hatte eine Vision, und er erklärt, dass ein Mensch die Kraft seiner Vision erst zu nutzen vermag, wenn er sie für die Menschen auf der Erde sichtbar gemacht hat. Ein Teil der Vision bezog sich darauf, die Kraft des Bisons und des Adlers zu gewinnen. Mit großer Sorgfalt entwarf man ein entsprechendes Ritual.

Don Juan erläutert seinem Schüler Carlos Castaneda, dass er den Geist, der den Tierkörper bewohnt, kennenlernen muss, um die Lehren zu verstehen. „Es war kein Hund! Wie oft muss ich dir das noch sagen? Dies ist der einzige Weg, es zu verstehen, der einzige Weg! Es war „er", der mit dir spielte!"

Lois streckte ihre Hand aus, und das rote Eichhörnchen nahm das Stück Brot. Es huschte nicht fort. Es hockte neben ihr und knabberte an seinem Futter. An jenem Tag saßen wir unter den Pyramidenpappeln, nahe einem Wiesenbach. In einiger Entfernung entdeckte ich einen seltsam aussehenden Busch, den ich näher betrachten wollte. Als ich zurückkehrte, sah ich Lois das Eichhörnchen füttern. Ich wartete, bis es nicht mehr bettelte und schließlich davonlief.

„Du hast wohl einen Freund gewonnen", meinte ich zu Lois.

„Ja, aber er gab mir mehr, als er nahm."

„Was eure Freundschaft betrifft?"

„Auch das, aber er bot mir ebenfalls etwas zu essen an." Sie bemerkte meinen fragenden Blick und fügte hinzu: „Ehe er zu mir kam, knabberte er an den Blättern jener Pflanze. Es ist eine Nesselart. Er erklärte, das sie mir zur Nahrung dienen könnte." Ich dachte einen Moment nach und fragte: „Hast du schon einmal eine Pflanze probiert, die dir ein Tier empfohlen hat?" Ohne zu zögern, meinte sie: „Natürlich, sehr oft sogar. Die Tiere würden mir nichts Falsches sagen. Was ihre Nahrung und ihre Medizin betrifft, haben die Indianer sehr viel von den Tieren gelernt."

Die Indianer glauben, dass der Große Geist das kranke Tier zu der richtigen Pflanze führt, um sich zu heilen. Ihre Medizin basiert weitgehend auf der Beobachtung der Tiere, welche Pflanzen sie für welche Krankheiten oder Wunden wählen. Zur Blutstillung legen Schimpansen und Affen Packungen aus bestimmten Blättern auf ihre Wunden. Bären bedecken sie mit Hemlocktannen- oder Fichtenharz, und eine Bisamratte wählt Gummiharz, das sich im Wasser nicht auflöst. Das Waldmurmeltier legt mit Fasern verstärkten Lehm um ein gebrochenes Bein.

Vögel und andere Kleintiere lieben die Früchte des Bärentraubengeißblatts. Die Indianer Alaskas nehmen sie als Krankenkost. Sie dienen ebenfalls als Abführmittel. Tiere, die unter Eisenmangel und Schwäche zu leiden scheinen, fressen Blüten und Früchte der gemeinen Kratzdistel, ein Mittel, das man im Arzneischatz der Hopi- und Navajo-Indianer findet. Ältere Herdentiere mit schlechten Zähnen und entzündetem Zahnfleisch oder die an Rheumatismus leiden, fressen Blätter und Stiele einer Pflanze, die bei mehreren Indianerstämmen von den Alten eingenommen wird.

Die Irokesen glauben, dass die Schlangenwurz magische Kraft verleiht. Bevor das Wiesel eine Schlange angreift, stärkt es sich mit deren Blättern. Wird es im Kampf verwundet, knabbert es an den Blättern der Pflanze, ruht sich ein wenig aus und nimmt den Kampf erneut auf.

Die Zuni-Indianer beobachteten, dass Tiere sich besonders an heißen Tagen an den Blättern einer bestimmten Garbenart rieben, und fanden so heraus, dass Einreibungen mit diesen Pflanzenblättern einem Sonnenstich vorbeugen und Hitzeausschlag lindern. Bei Magen- und Verdauungsproblemen fressen viele Tiere Gras. Vogelweibchen benötigen Kalk für ihre Eier, weshalb sie Plätze aufsuchen, an denen sie Schalentiere finden. Hirsche benötigen Kalk für ihr Geweih und suchen nach kalkreichem Wasser.

„Im Eichhörnchen, in der Motte, im Raben, in allen Kreaturen ruhen Schönheit und Weisheit. Sind sie nicht ebenso wie wir ein Ausdruck des Großen Geistes? Was wir als wunderbar betrachten, ist das universale Sein, das sich als Fuchs oder als Luchs zum Ausdruck bringt." Lois strich sich mit der Hand durch das lange schwarze Haar, in dem sich ein Sonnenstrahl verfing, der durch die Blätter fiel und schwarze Diamanten aufblitzen ließ – ein junges, klassisch schönes Gesicht, das mit einem Erbe kämpfte, das weitergereicht werden musste. „Wir lassen uns von der Form eines Pferdes oder einer Eule verzaubern und bilden uns ein, ihre Intelligenz und ihr Sein sei begrenzt, vergessen aber dabei, dass sie nur Ausdruck des Allwissenden sind. Können wir ihm Grenzen ziehen? Wenn dieses kleine Geschöpf der Große Geist ist, der sich zum Ausdruck bringt, warum lauschen wir nicht? Warum glauben wir, dass Gott alles Leben aus sich heraus geschaffen hat und sich darauf beschränkt, allein im Menschen zu existieren? Wie sollte dies geschehen? Wie könnte der Allwissende sich um den Habicht kümmern, als Er ihn schuf, Sorge tragen, wenn er hoch in den Himmel hinaufsteigt, und ihn nicht beachten, wenn er bewegungslos am Boden liegt? Warum sollte Er das tun?"

Ich hatte mich neben sie ins Gras gesetzt, schaute auf die Berge und hörte ihr zu. „Es gibt viele Geheimnisse, die wir nicht verstehen", gab ich zu bedenken. „Geheimnisse wird es immer geben. Würde es weniger geben, wenn wir erkennen, dass alle diese Kreaturen *in* uns, nicht außerhalb von uns existieren?"

Wir schwiegen, nicht weil uns die Worte fehlten, sondern weil die Stille beredter war. Wir blieben, bis die ersten Leuchtkäfer ankündigten, dass der Tag zur Neige ging. Hand in Hand liefen wir über die Wiese, vorbei an der Büffeltränke und den Treibpfad hinunter zur Stadt.

„Wenn sie wollten, könnten einige unserer vierbeinigen Freunde beweisen, dass sie klüger sind als wir", meinte Lois gegen Ende unseres Ausflugs. Sie kicherte, und dann lachten wir. Hier endete unser gemeinsamer Tag.

10

Unsterblicher Schrei

Raymond und Susanne Peters waren erschöpft. In den letzten Tagen hatten sie bis spät in die Nacht an ihrer Steuererklärung gesessen und die letzte Nacht am Bett ihres kranken Kindes zugebracht. An diesem Abend schliefen sie völlig übermüdet ein.

Ihre Ruhe sollte nicht lange währen. Gegen drei Uhr morgens meinte Raymond, einen Hund bellen zu hören. Plötzlich schallte das Gebell so laut, dass er und Susanne mit einem Mal aufrecht im Bett saßen. „Um alles in der Welt, Mac, was ist denn los?", fragte Raymond den Scotch-Terrier. In diesem Moment bemerkten er und seine Frau den Rauch im Zimmer. Sie rannten hinaus. Beißender Qualm schlug ihnen entgegen. Das Feuer hatte das Kinderzimmer noch nicht erreicht. Sie rissen die beiden schlafenden Kleinen aus ihren Betten und flüchteten nach draußen. Ein Nachbar, der früher aufgewacht war, hatte bereits die Feuerwehr alarmiert. Das Haus konnte nicht mehr gerettet werden. Es brannte völlig nieder. Hatte der kleine Scotch Terrier auch entfliehen können? In gewissem Sinne war er bereits vor drei Monaten entflohen, als er im Alter von elf Jahren an Herzschwäche starb.

Eines Nachts weckte mich das Gebell unseres Dackels Phagen. Ich wartete einige Minuten, in der Hoffnung, dass er bald aufhörte. Das Bellen wurde schärfer und eindringlicher. Ich ging hinaus, um nach ihm zu sehen, und fand ihn tot in seiner Hütte liegen. Sein Körper war steif gefroren.

In den beiden folgenden Nächten bellte Phagen wieder. Ich ging hinaus, konnte aber nichts entdecken. Als ich mich in der zweiten Nacht dem Gehege näherte, sah ich ihn im Schimmer des abnehmenden Mondes auf mich warten. Er wedelte mit dem Schwanz. Ich streckte die Hand nach ihm aus, da verschwand er. Er bellte nicht mehr. Wollte er nur Abschied nehmen, ein letztes Lebewohl? War ich aus meinen Träumen in die Halluzination geglitten? Mein Nachbar, der noch nichts vom Tod unseres Hundes wusste, fragte mich am Morgen, was dem Tier fehle, er habe ihn so oft bellen gehört.

Besitzen Tiere eine Seele? Bleibt etwas nach dem Tod? Sind sie unsterblich? In unserem Kulturkreis wird allgemein angenommen, dass allein der Mensch mit einer Seele und der Unsterblichkeit gesegnet ist. Was das Tier betrifft, bleibt nach seiner kurzen Lebensspanne auf dieser Erde nichts, außer der wehmütigen Erinnerung dessen, der es einmal geliebt hat. Diejenigen, die eng mit Tieren zusammengelebt haben, sind weit davon entfernt, diese Meinung zu teilen. [1]

Es wäre schwierig, meinen Freund Robin davon überzeugen zu wollen, dass es sich bei der Unsterblichkeit von Tieren um einen Mythos handelt. Eines späten Abends fuhr er eine enge, kurvenreiche Bergstraße entlang. Plötzlich erschien vor ihm auf der Straße sein Collie Jeff, der ein Jahr zuvor gestorben war. Seine Zeichnung ließ keinen Zweifel zu. Robin sprang aus dem Wagen, lief mit zitternden Knien seinem Hund entgegen und rief ihn beim Namen. Der Hund drehte sich um und trottete vor ihm den Abhang hinauf. Oben angekommen, sah mein Freund einen riesigen, durch einen Erdrutsch abgestürzten Felsbrocken auf der Straße

---

1 Vgl. über die unsterbliche Tierseele: Appuzzo/D´Ambrosio, *Auch Tiere haben Seelen*, Grafing 2008 und Arndt/Kriegel, *Wenn Tiere ihren Körper verlassen*, Grafing 2008.

liegen. Er hätte ihn mit Sicherheit zu spät gesehen. Entweder er wäre auf ihn geprallt oder bei dem Versuch, ihn zu umfahren, in den Abgrund gestürzt. Er blickte sich um. Sein ehemaliger Gefährte war verschwunden.

Sollten Tiere den physischen Tod überleben, was erwartet sie dann auf der anderen Seite? In Bezug auf den Menschen wird die Reinkarnationstheorie in zunehmendem Maße anerkannt. Sie geht davon aus, dass der Mensch immer wieder zur Erde zurückkehrt, um zu lernen und sich allmählich zu vervollkommnen. Viele Tierfreunde, die Liebe, Treue, Hingabe und Opferbereitschaft in Tieren beobachten, können nicht glauben, dass diese Eigenschaften nur vorübergehender Natur sein sollen. Es stellt sich die Frage, ob diese Geschöpfe ebenfalls das Rad der Wiedergeburt betreten, um höhere Bewusstseinsstufen zu erreichen. Falls nicht, wie erklärt sich dann die große Intelligenz und mitunter sogar Weisheit einiger Geschöpfe, die anderen fehlt, vergleichbar mit den Menschen? Wie erreichten sie diese Stufe, und welchem Zweck dienen diese Eigenschaften?

Einige Gelehrte sprechen von Seelenwanderung, einer Theorie, die besagt, dass bestialische Menschen in Tierform zurückkehren. Obwohl die Möglichkeit einer Zurückentwicklung bestehen kann, vertritt die Reinkarnationslehre eher den Standpunkt, dass sich die Natur stufenweise aufwärts entwickelt.

Wenn man die Reinkarnationslehre als in sich schlüssig akzeptieren kann, bleibt die Frage, warum nur eine einzige Lebensform sich sinnvoll weiterentwickeln sollte, während alle anderen Lebewesen als 'Requisiten' dienen. „Alle anderen Lebensformen scheinen an einem dynamischen Evolutionsprozess teilzuhaben. Zwischen den einzelnen Naturreichen gibt es zahlreiche strukturelle und biologische Ähnlichkeiten, die vermuten lassen, dass sich die gesamte Schöpfung auf ein weit entferntes göttliches Ziel zubewegt", schreibt Dr. Cerminara.

In den meisten Traditionen, die von einer Reinkarnation ausgehen, wird diese als ein Prinzip verstanden, das sich nicht nur auf den Menschen, sondern auf alle Lebensformen und Bewusstseinszentren bezieht. Alles Leben entspringt der Urquelle und begibt sich auf einen langen Evolutionsweg, zurück zu dieser Quelle. Mit anderen Worten, das Leben entwickelt sich vom Mineral- zum Pflanzen- und weiter zum Tierreich, vom Tier zum Menschen und vom Menschen zum fast Geistigen und schließlich zum Göttlichen.

Der Rosenkreuzer Max Heindel geht sogar so weit zu behaupten, dass die jetzt auf der Erde lebenden niedrigen Tiere in einer späteren Periode eine reinere, bessere Menschheit sein werden, als wir es heute sind.

Man muss hinzufügen, dass die meisten Traditionen davon ausgehen, dass sich die Menschheit insgesamt schrittweise weiterentwickelt und nur einzelne Individuen ausbrechen und aufgrund ihres freien Willens rascher voranschreiten. Es scheint demnach denkbar zu sein, dass einzelne Mitglieder einer bestimmten Tierart aufgrund neuer Erfahrungen dem allgemeinen Entwicklungsgang vorauseilen. Angeblich bestimmt der Mensch durch Einsatz seines freien Willens sein Schicksal in gewissem Maße selbst. Dem Tier gestehen wir keinen freien Willen zu, eine Überlegung, die hinfällig wird, betrachten wir das Verhalten und die Intelligenz gewisser Tiere, ganz abgesehen von ihrer Fähigkeit, zwischen mehreren Möglichkeiten zu wählen. Ist ein Hund, der Vernunft zeigt und sich dementsprechend verhält, weniger ein Individuum als viele Menschen deren Verhaltensweise eher einem Herdeninstinkt gleicht?

Die Reinkarnationslehre findet ihre Bestätigung durch Menschen, die sich im Wachbewusstsein an frühere Leben erinnern. Stevenson hat zahlreiche Fälle überprüft und dokumentiert. Bei diesen Forschungen handelt es sich vorwiegend um Erinnerungen an frühere Leben, die von darin verwickelten Personen, die noch leben, bestätigt werden können.

Unsere Unfähigkeit lässt es leider nicht zu, in gleicher Weise mit Tieren zu kommunizieren und solche Forschungsergebnisse auch mit ihnen zu erarbeiten, was uns nicht daran hindert, Beweise für ein Leben nach ihrem Tod zu suchen. Wenn wir uns Gedanken darüber machen können, was mit dem Tierbewusstsein geschieht, nachdem es das Diesseits verlässt, können wir auch das offensichtliche Leben des Tieres jenseits seines Grabes erkunden. Vielleicht schrecken wir davor zurück, weil unser Ego sich an den althergebrachten Glauben klammert, dass wir besonders privilegiert sind – eine Theorie, die keine allgemeine Zustimmung findet.

Robert Bradley, ein Vorreiter der psychosomatischen Medizin und medizinischen Hypnose, vertritt den Standpunkt, dass mit seinem Tod für das Tier nicht alles beendet ist. In dem Buch *Psychic Phenomena* berichtet er von seiner persönlichen Erfahrung mit der Unsterblichkeit.

„Das Überleben der Tiere nach dem Tode wird kontrovers diskutiert. Unsere Familie zweifelt nicht mehr daran, seit der offensichtliche Beweis einer eher unerwarteten Quelle entsprang. Einer unserer Hunde war ein goldiger, zwei Pfund schwerer Chihuahua, der eindringlich und schrill bellte, sobald man ihn im Winter nach draußen schickte. Weder im Winter noch im Sommer wollte er nach draußen und führte sich unausstehlich auf, um wieder hereingelassen zu werden.

Es war kurz vor Weihnachten. Die Familie beschäftigte sich mit den Weihnachtsvorbereitungen. An jenem Abend schmückten wir den Baum. Wir hatten nicht bemerkt, dass der kleine Hund ausgesperrt war (er hatte auch nicht gebellt, um hereingelassen zu werden), als einem der Kinder seine Abwesenheit auffiel.

Die Kinder begannen, ihn zu suchen. Vergeblich. Gemeinsam

suchten wir drinnen und draußen systematisch jeden Winkel ab, denn ich konnte mich des Gefühls nicht erwehren, dass mit dem Hund etwas nicht stimmte.

Meine Frau und meine Tochter blieben drinnen und schmückten den Baum weiter. Es überraschte sie, dass unsere Suche erfolglos geblieben war, denn sie versicherten uns, kurz vor unserer Rückkehr sein schrilles Bellen gehört zu haben. „Aus welcher Richtung kam das Bellen?" Die beiden wussten es nicht genau und zeigten vage nach oben. Er ist tot, war mein erster Gedanke. „Ihr habt sein astrales Bellen gehört. Er hat etwas angetroffen, das ihm nicht vertraut ist, und reagiert wie üblich feindselig darauf." Ich war mir plötzlich sicher, dass wir ihn nicht mehr lebend finden würden. Sorgfältig leuchtete ich jeden Winkel mit der Taschenlampe aus. Draußen, unter dem Fenster, nur wenige Meter von meiner Frau entfernt, die drinnen den Baum schmückte, lag er erfroren da. Fünfzehn oder zwanzig Minuten zuvor hatte ich dort gestanden und ans Fenster geklopft, um ihr zu bedeuten, das Außenlicht anzuknipsen. Ich hatte wohl nur wenige Zentimeter neben ihm gestanden, ihn aber nicht gesehen, da er im Schatten lag. Er hätte sich bestimmt gemeldet, wenn er noch am Leben gewesen wäre.

Meine Untersuchung ergab, dass seine Zunge und sein Maul fest- und seine Kiefer zugefroren waren. Wie konnte es sein, dass meine Frau und meine Tochter ihn noch wenige Minuten zuvor bellen gehört hatten? Und warum ertönte sein Bellen aus der entgegengesetzten Richtung, von oben?"

Es ist nicht ungewöhnlich, dass in mystischen Erfahrungen Tiere zugegen sind. Personen, die sich außerhalb ihres Körpers bewegten, berichteten häufig, auf der Astralebene Tiere gesehen zu haben. In einigen Fällen sind sie ihrem verstorbenen Haustier begegnet oder haben Tiere gesehen, die andere Leute als ihre Haustiere identifizierten.

Ein Freund, der mehrere Reisen außerhalb seines Körpers erlebte, erzählte mir: „Bei einer Gelegenheit sah ich Ben, meinen alten Collie, der einige Monate zuvor gestorben war, deutlich vor mir. Er war außer sich vor Freude, mich wiederzusehen, wedelte mit dem Schwanz und sprang an mir hoch. Ich streichelte ihn, sprach zu ihm und zweifelte nicht einen Augenblick an der Realität dieser Begegnung."

Lawanda Cady kann ihrem verstorbenen Hund dankbar sein, dass er einen Einbrecher vertrieb. Sie lebt in einem Mietshaus. In einigen Wohnungen war bereits eingebrochen, aber nur Nahrungsmittel aus dem Kühlschrank entwendet worden. Eines Nachts riss sie das erregte Bellen ihres Hundes Jock aus dem Schlaf. In den unteren Räumen hörte sie eilige Schritte, das Öffnen einer Tür und dann jemanden fortrennen, begleitet vom Gebell ihres Hundes. Sie stand auf und sah nach. Der Eindringling hatte sich an den Vorräten ihres Kühlschranks bedient. Sie wollte nach Jock sehen und hielt inne. In der Aufregung hatte sie völlig vergessen, dass er vor drei Monaten gestorben war.

Fredas Hund Fife wurde bei einem Kampf schwer verletzt. Man behandelte seine Wunden, und er schien sich zu erholen. Eines Morgens war er unauffindbar. Die Familie fürchtete, dass der inzwischen fünfzehnjährige Hund irgendwo hilflos liegen könne. In der Nacht träumte Fredas Mutter von ihm. Stolz und stark wie in seiner Jugend, stand Fife auf einem Hügel und wedelte fröhlich mit dem Schwanz. Dann blickte er zu seinen Pfoten hinunter. Ihre Augen folgten den seinen. Unter ihm lag, ausgestreckt auf dem Boden, der zerschundene tote Körper des Hundes.

Am nächsten Morgen nahm die Mutter Freda bei der Hand und meinte: „Komm, wir suchen Fife." Dann erzählte sie dem Kind von ihrem Traum. Gemeinsam gingen sie zu einem Ort, der jenem sehr ähnlich sah, von dem sie geträumt hatte. Da lag der alte Körper, der Fifes tapferes, treues Herz so viele Jahre beherbergt hatte.

Der britische Schriftsteller Sir Ridder Haggard berichtete von einem Traum, in dem er einem Haustier begegnete. Am 10. Juli 1904, kurz nach Mitternacht, schrie er im Schlaf auf, schlug um sich und rang nach Luft. Seine Frau weckte ihn. Er erzählte, dass der Traum mit einer gewissen Niedergeschlagenheit begonnen hatte. Dann schien er um sein Leben zu kämpfen. Als der Traum lebendiger wurde, fühlte er sich im Körper seines schwarzen Retrievers Bob gefangen. „Ich sah Bob im Unterholz am Wasser liegen. Meine eigene Persönlichkeit schien auf geheimnisvolle Weise aus dem Körper des Hundes aufzusteigen, der seinen Kopf seltsam unnatürlich mir entgegen hob. Bob versuchte, mir etwas zu sagen. Da er sich stimmlich nicht auszudrücken vermochte, übermittelte er mir in unbestimmbarer Weise, dass er im Sterben liege." Haggard erzählte seiner Frau, er habe den Hund in einer sumpfigen Gegend ganz in ihrer Nähe gesehen.

Vier Tage später fand Haggard den Tierkörper etwa eine Meile vom Haus entfernt. Er schwamm im Fluss. Der Hund hatte schwere Verletzungen davongetragen. Ein Tierarzt stellte einen Schädelbruch und gebrochene Vorderbeine fest. Das Tier hatte wohl drei Tage im Wasser gelegen, wahrscheinlich seit der Nacht des 9. Juli.

Zwei Streckenwärter erzählten Haggard, dass Bob aller Wahrscheinlichkeit nach von einem Zug angefahren worden war. Sie zeigten ihm eine Stelle in der Nähe der Hängebrücke, an der getrocknetes Blut zu sehen war und an der sie am Montag, dem 11. Juli, ein zerrissenes Hundehalsband gefunden hatten. Das Unglück muss ungefähr zu der Zeit geschehen sein, als Haggard von Bob träumte.

Wir mögen annehmen, dass Tiere den Tod nicht verstehen. Sie vermissen den fehlenden Gefährten oder trauern über die Abwesenheit ihres Besitzers, aber wir gehen über dieses Verhalten hinweg, da es nicht widerzuspiegeln scheint, ob das Tier die Bedeutung des Todes begriffen hat. Wie lässt sich dann erklären, dass ein Tier den Tod seines weit entfernten Herrn spürt? Ebenso rätselhaft sind jene Fälle, in denen Tiere ihnen die „letzte Ehre" erwiesen oder freiwillig ihr Leben für sie gaben.

Der Vogelliebhaber William Milburn hatte im Laufe seines Lebens viele Wildvögel gehalten. In den letzten Jahren blieb nur eine Singdrossel bei ihm. Sie weigerte sich fortzufliegen. Sobald der alte Mann auftauchte, begann sie zu singen. Manchmal ließ sie sich auf seiner Schulter oder seinem Kopf nieder. Milburn erkrankte, und der Vogel sang kaum noch. Als der Mann starb und während der drei Tage, an denen der Sarg im Hause stand, stellte sie ihren Gesang völlig ein. In dem Augenblick, in dem die Sargträger den Leichnam hochhoben, um ihn fortzutragen, begann die Drossel wieder zu singen. Sie sang sich das Herz aus dem Leib, ein Trauergesang für den alten Mann. Als der Leichenwagen zum Friedhof fuhr, hörte man sie nicht mehr, denn auch sie war gestorben.

Marinesoldaten fütterten einen Welpen mit Dosenmilch aus der Pipette, bis er alt genug war, selbstständig zu fressen. Die Zieheltern der kleinen Hündin, die Mannschaft eines Panzer-Landungsfahrzeuges, gaben ihr den Namen Puddles und verwöhnten das kleine Ding, wie es gewöhnlich einsame Leute tun. Das Schiff hatte ausgedient und sollte verschrottet und versenkt werden. Eine fremde Mannschaft wollte Puddles adoptieren, aber sie weigerte sich. Die Vorschriften ließen es nicht zu, das Tier mit in die USA zu nehmen. An Bord eines anderen Schiffes winselte Puddles nur und wollte nicht fressen. Die Mannschaft brachte den Hund zurück, der traurig am Strand saß und mit ansehen musste, wie das alte Schiff abgetakelt, ausgeschlachtet und schließlich auf See gezogen wurde, um versenkt zu werden. Als das Schiff untergegangen war und die Männer zum Strand zurückkehrten, war Puddles immer noch da, aber sie schaute nicht mehr, denn sie war tot.

John Gambill gründete in Texas ein Reservat für Wildgänse.

Einmal pflegte er einen kranken Gänserich wieder gesund, der im folgenden Jahr mit zwölf Gänsen zurückkehrte, die recht zahm wurden. Im Jahr darauf zählte die Gänseschar beachtliche hundert Stück. Als Gambill starb, überwinterten schätzungsweise dreitausend Gänse im Reservat. Hunderte von Vögeln umkreisten das Krankenhaus und krächzten den Totengesang. Irgendwie wussten sie, was geschehen war.

Was bedeutet der Tod für ein Tier? Momentan wissen wir noch nicht viel darüber. Vielleicht verhält es sich wie bei den Menschen. Jedes Tier erlebt ihn in seiner eigenen Weise. Einige Tiere scheinen sein Herannahen nicht zu bemerken, andere bereiten sich darauf vor. Es gibt Hunde und Katzen, die sich einen Ort suchen, an dem sie in ihrer bevorstehenden Todesstunde allein sein können.

Forscher haben herausgefunden, dass sich Schimpansen vor dem Tod gewaltig fürchten. Sich auf Kortlandts Experimente in Dschungel beziehend, schreibt Vitus B. Dröscher: „Der Schimpanse bringt seine Todesfurcht zum Ausdruck, wenn er vor toten Tieren zurückschreckt oder vor einem Arm oder einem Bein eines Mitgliedes seiner eigenen Spezies, sogar vor schlafenden Tieren oder leblosen Tierbildern. Diese Furcht unterscheidet sich stark von der Furcht, die andere Tiere zeigen. Ob Schimpansen auch Selbstmord begehen, ist ungewiss. Vielleicht fürchten Schimpansen den Tod mehr als der Mensch und nehmen sich allein deswegen nicht das Leben. Oberflächlich gesehen, scheint die Furchtreaktion des Menschenaffen beim Anblick einer Leiche heftiger zu sein als die des Menschen. Offensichtlich sehen die Tiere die Situation viel realistischer als der Mensch, der sich, verstrickt in seine Wahnvorstellungen und Emotionen, das Leben nimmt."

Kortlandt stellte einmal einen ausgestopften Leoparden mit einer natürlich aussehenden Schimpansenpuppe im Maul an eine Stelle, an der eine Schimpansenherde häufiger vorbeizog. Zuerst zeigten die Tiere Furcht und Schrecken, dann aber schlugen sie mit Stöcken auf den Leoparden ein und betrauerten den Tod eines der Mitglieder ihrer Spezies, wie sie annahmen.

„Im Morgengrauen kehrte die Schimpansenherde zurück. In Grabesstille versammelten sie sich im Kreis um die Puppe. Langsam näherten sich ihr einige von ihnen. Schließlich trat eine Mutter mit ihrem Jungen am Bauch aus dem schweigenden Kreis. Vorsichtig näherte sie sich dem „Opfer" und schnüffelte an ihm. Dann wandte sie sich den anderen zu und schüttelte den Kopf. Danach gingen alle Affen schweigend fort. Nur ein durch Kinderlähmung verkrüppelter Affe blieb eine Weile bei der „Leiche" hocken und starrte sie unentwegt an. Er schien sich vom Anblick des Todes nicht lösen zu können. Schließlich ging auch er. Danach herrschte absolute Stille. Den ganzen Tag über hörte man keinen Schimpansen schreien. Was hatte die Schimpansin den stummen Zuschauern mit ihrem Kopfschütteln bedeuten wollen? „Leider kein Lebenszeichen" oder „keiner von uns". Wir wissen es nicht, ebenso wenig wie wir uns die Niedergeschlagenheit der gesamten Herde erklären können. Hinter diesen Schimpansengesichtern wird sich immer eine unerwartete Welt verbergen."

Henry bewirtschaftete eine große Rinderfarm. Er umsorgte seine Tiere und wollte ihre Pflege niemandem anderen überlassen. Er starb unerwartet. Seine Leiche wurde auf einem Wagen zum Friedhof gefahren. Den weiten Weg zwischen dem Haus und der Grenze des Anwesens säumten zahlreiche Trauergäste, die das Brüllen der Herde plötzlich aufschreckte. Unzählige Tiere waren aus den umliegenden Weiden zusammengeströmt und standen in langen Reihen mit gesenkten Köpfen am Wegrand. Sie scharrten auf dem Boden und gaben Töne von sich, die man noch niemals von ihnen gehört hatte.

„Es den Bienen erzählen", war ein uralter Brauch. Man sagte den Bienen, dass ihr Imker starb. Manchmal umhüllte man den

Bienenstock mit schwarzem Krepp. Als der Schuhmacher Sam Rogers starb, folgten seine Kinder diesem Brauch. Sie gingen um die Bienenstöcke herum und erzählten den Bienen vom Tod ihres Herrn. Kurz nachdem sich die Verwandten um Sams Grab versammelt hatten, kamen Tausende von Bienen aus den knapp eine Meile entfernten Bienenstöcken angeflogen und ließen sich um den Sarg herum nieder. Die blühenden Bäume ringsum beachteten sie nicht. Sie blieben etwa eine halbe Stunde dort und flogen dann wieder zu ihren Stöcken.

Ein Leser des englischen Magazins „Tomorrow" berichtete von Bill, der Katze seines Großvaters. Die beiden standen sich sehr nahe. Tagsüber folgte die Katze ihm überall hin, und nachts schlief sie in seinem Bett. Bei einem Eisenbahnunglück erlitt der Mann schwerste Verwundungen. Man brachte ihn in ein Krankenhaus, das mehrere Kilometer von seinem Zuhause entfernt lag. Nach einer Woche erlag er seinen Verletzungen. Nachdem die Begräbnisfeierlichkeiten beendet waren, tauchte Bill auf und näherte sich würdevollen Schrittes dem Grab. Dort blieb sie eine Weile stehen und blickte auf den Sarg. Nachdem sie ihrem Herrn die letzte Ehre erwiesen hatte, lief sie wieder heim.

Ich lese gerne die Geschichten von Albert P. Terhune über seine Collies. Im Gegensatz zu anderen Tiermüttern, schenkte Jean einem ihrer Jungen besondere Aufmerksamkeit, selbst als dieses bereits ausgewachsen war. Sie holte ihm die leckersten Bissen aus dem Futternapf, suchte Knochen für ihn und obgleich der Hund bereits größer als sie war, wusch sie ihn täglich vom Kopf bis zur Schwanzspitze. Wo Jock war, war auch Jean nicht weit. Eines Tages erkrankte er an Staupe und musste isoliert werden. Antibiotika gab es damals noch nicht. Obwohl Jock um sein Leben kämpfte und Terhune ihn zu retten versuchte, starb das Tier. Während Jocks Quarantäne weigerte sich Jean zu fressen.

Der Collie wurde auf einem Feld außerhalb des Hauses begraben. Am nächsten Morgen ließ man Jean frei. Sofort begann sie, nach ihrem „Kind" zu suchen. Hin und wieder bellte sie kurz und scharf, was ihn immer herbeigerufen hatte. Schließlich rannte sie schwanzwedelnd zu Terhune und zog ihn an seinem Mantel zu jenem Hügel, unter dem Jock lag. Sie legte sich darauf und wedelte mit dem Schwanz, wohl wissend, dass Jock nahe war. Bis zu ihrem Tod, einige Jahre später, lief sie bei jedem Wetter zu seinem Grab und blieb oft stundenlang dort. „In ihrem Warten lag keine Trauer, sondern fröhliche Erwartung", meinte Terhune.

Die Familie King lebte mit dem Großvater und dem Kater Felix in einer Kleinstadt in Australien. Als der alte Herr im Alter von neunzig Jahren starb, konnte sich der Kater nicht beruhigen. Suchend und schreiend streifte er durch Haus und Garten. Man beschloss, eine Autofahrt mit ihm zu unternehmen, in der Hoffnung, ihn etwas zu zerstreuen. Felix verhielt sich ruhig, bis man die Vororte von Melbourne erreichte. Plötzlich sträubten sich seine Haare. Er begann zu zittern, sprang aus dem Wagenfenster und verschwand im Verkehr.

Der Familie blieb nichts anderes übrig, als nach Hause zurückzufahren und zu hoffen, dass der Kater den Heimweg alleine fand. Die Tage vergingen, aber Felix kam nicht. Als Frau King und ihre Tochter den Friedhof aufsuchten, um Blumen auf das Grab zu legen, sahen sie Felix darauf hin und her spazieren. Er freute sich, sie zu sehen und spielte mit der kleinen Tochter. Der Friedhof lag etwa sechzehn Kilometer vom Haus entfernt und mehr als acht Kilometer von jener Stelle, an der Felix aus dem Wagenfenster gesprungen war. Zweimal versuchte die Familie, ihn mit nach Hause zu nehmen. Jedes Mal, wenn sie das Friedhofstor erreichten, sprang er aus dem Wagen und rannte zum Grab zurück. Man vereinbarte mit dem Friedhofswärter, ihn zu füttern und sich um ihn zu kümmern. John Hetherington, der darüber schrieb, sah Felix wie eine Schildwache auf dem

Grab sitzen und meinte später: „Diese Geschichte verfolgt mich. Vielleicht liegt es daran, dass sie etwas in sich trägt, das jenseits menschlichen Begreifens liegt."

„Man kann wohl kaum erwarten, auf diesem nebulösen Gebiet Gewissheit zu finden. Vielleicht ist es nicht so wichtig, was man glaubt, sondern dass man glaubt und diesen Glauben ständig überprüft. Der Mensch kann sich selbst nicht eine unsterbliche Seele zuschreiben und sie seinen Tierbrüdern abstreiten. Mensch und Tier besitzen Instinkt und Vernunft, die sich in ihrer Abstufung, nicht in ihrem Wesen unterscheiden. Wenn Bewusstsein unsterblich ist, dann ist es eine Eigenschaft des Lebens selbst, nicht des Homo sapiens. Davon sind wir überzeugt", meinen Vincent und Margaret Gaddis.

Wir müssen unsere Beziehung zum Leben selbst neu überdenken, um zu verstehen, falls das menschliche Leben über ein Kapitel hinausreicht, dass es inkonsequent ist, anzunehmen, nur der Menschengeist strebe nach Vollendung. Mit einer solch begrenzten Denkweise ließe sich J. Allen Boones Erfahrung mit dem Hund Strongheart niemals verstehen.

„Strongheart war der Lehrer und ich der Schüler. Das Draußen und Drinnen wurde zu unserem Klassenzimmer. So lief unser Lehrplan ab, solange Stronghearts physischer Körper auf der Erde umhersprang – und so läuft er immer noch ab. Er bleibt mein Lehrer, und ich bin sein Schüler. Durch den trügerischen Nebel von Zeit und Tod lehrt er mich mit zeitloser Güte Dinge, die für mich außerordentlich wichtig zu wissen und zu praktizieren sind." Tennyson schien von der Zeitlosigkeit allen Lebens überzeugt zu sein, als er die Worte niederschrieb: „Nichts wandert ziellos, kein einziges Leben wird zerstört oder als wertlos verworfen, bis Gott das Werk vollendet hat."

Theologen, wie Martin Luther, John Keble und John Wesley, scheinen diese Überzeugung zu teilen. In Bezug auf die Unsterblichkeit schrieb Wesley: „Die gesamte Tierschöpfung wird dann zweifellos wiederhergestellt sein, nicht nur was ihre Energie, Kraft und Schnelligkeit betrifft, die sie bei ihrer Erschaffung besaß, sondern in verstärktem Maße... als Ausgleich für alles, was sie einst erlitt. Sie wird grenzenlos glücklich sein."

Der zivilisierte Stadtmensch hat den Kontakt mit der Natur verloren und sich dem Tierreich entfremdet. Der ideologische Aspekt dieser Entfremdung ist weitgehend unserer Theologie zuzuschreiben. Vielleicht beabsichtigten die ersten Kirchenväter, die Vorstellung von der Sonderschöpfung Mensch zu erhärten, indem sie erklärten, das Tier besitze keine Seele. Dieser Gedanke taucht nirgendwo in der Bibel auf, auch nicht in den Worten Jesu. Es gibt keine wissenschaftlichen Beweise für diese Behauptung. Bei Hiob (12,7-10) heißt es:

Frage doch das Vieh, dass es dich belehre, die Vögel des Himmels, dass sie dir kundtun, oder das Wild des Feldes, dass es dich belehre, und dir sollen erzählen die Fische des Meeres. Wer wüsste es nicht unter diesen allen, dass die Hand des Herrn dies gemacht hat, in dessen Hand alles Lebenden Seele und der Odem aller Menschen ist.

Man hat uns glauben machen wollen, dass die Tiere nur zum Nutzen und Vergnügen der Menschen erschaffen wurden und selbst keine Rechte besitzen. Die östlichen Lehren haben der Einheit allen Lebens größere Bedeutung beigemessen. Ihre Schriften wurden nicht unterdrückt, um einer egozentrischen Theologie zu gefallen. Mohammed lehrte: „Es gibt kein Tier auf Erden, keinen Vogel, der dahinfliegt, der nicht ist wie du." Buddha sagte: „Ich lehre nur eines: Leiden und das Ende des Leidens. Wahre Religion bedeutet, Güte gegenüber allen Lebewesen."

Albert Schweitzer gehörte zu den leidenschaftlichsten Fürsprechern des Tierreiches. Sein Lebenswerk war dem Gedanken gewidmet, dass die Liebe engstirnige Moralsysteme transzendieren und die Ehrfurcht vor allem Leben im Mittelpunkt unseres Verhaltens stehen muss.

In ihrem Buch *Exploring Inner Space* schreibt Jane Dunlap, dass ihre mystischen Erfahrungen sie zu der Überzeugung gelangen ließen, „dass Pflanzen, Tiere und Menschen die gleichen Gefühle haben wie du und ich. Zum ersten Mal in meinem Leben wurde mir die wunderbare Einheit aller Lebewesen, ob Pflanze, Tier oder Mensch, bewusst." Diese Bewusstheit scheint allen erleuchteten Menschen gemeinsam zu sein – die Überzeugung von der Einheit des Lebens. Sri Ramakrishna zog sich den Unmut der Brahman-Priester zu, als er Opfergaben für die göttliche Mutter vom Altar nahm und sie einer hungrigen Katze fütterte. Der heilige Franziskus betrachtete die Tiere als seine Brüder und Schwestern.

Dr. Cerminara schreibt über ihre Einstellung zu Tieren: „Für meine Gewissheit möchte ich mich nicht entschuldigen, denn ich bin sicher, dass die Tiere uns näherstehen, als wir glauben. Obwohl es ihnen an der Sprache mangelt, ähneln ihre Denkprozesse unseren Gedankengängen. Was ihre Ängste und Schmerzen, ihre Zuneigung und Frustration, ihre Schrecken, ihre Hingabe und Dankbarkeit betrifft, also alle ihre Emotionen, sind sie uns sehr ähnlich, auch wenn diese weniger vielschichtig und auf einer niedrigeren Ebene erfahren werden mögen. Sie sind ein Volk wie wir, sagt Mohammed. Aus Sicht der Evolutions- und Reinkarnationslehre sind sie ein Volk, das sich ebenfalls auf dem langen, schwierigen Weg zur Vollendung vorwärtskämpft."

11

Jenseits aller Erklärungen

Es gibt wohl kaum einen Hund, der so vielen Menschen geholfen hat wie Rags. Die Hündin war die einzige freiwillige Insassin im berüchtigten Gefängnis Sing-Sing.

An einem kalten Herbsttag begab sich Rags hinter die dunkelgrauen Mauern. Sie blieb zwölf Jahre dort und wurde bereits zu Lebzeiten eine Legende. Teils Scotch- teils Drahthaar-Terrier, verbrachte sie ihre Tage damit, die düstere Atmosphäre des Gefängnisses aufzuhellen. Sie unterhielt die Männer mit verschiedenen Tricks, Kunststücken, Nachahmungen und akrobatischen Übungen. Sie drehte ihre Runden durch die Werkstätten, Zellenblocks und die Krankenstation.

Rags freundete sich mit jedem an, wobei sie sorgfältig darauf achtete, niemanden zu bevorzugen. Die Wachen, Wärter und Besucher ignorierte sie völlig. Im Speiseraum nahm sie ihr Futter jeden Tag an einem anderen Tisch. Sie achtete darauf, keinen Tisch zu übergehen. Tagsüber verbrachte Rags im Gefängnis, nachts schlief sie im Haus eines Wärters. Gab es eine Unterhaltungsprogramm oder eine Vorstellung, kehrte sie am selben Abend noch einmal zurück. Sie wusste genau, wann sie stattfand. Der Wärter hatte die Wachen angewiesen, den Hund ein- und ausgehenzulassen, wie er es wollte.

Einem mutlosen Gefangenen, der ständig vor sich hinbrütete, schenkte die Hündin besondere Aufmerksamkeit. Sie rieb ihren Kopf an ihm, versuchte ihn aufzuheitern und führte ihn schließlich zu einer Gruppe von Mitgefangenen, damit er nicht alleine war.

Eines Abends verließ Rags das Gefängnis nicht. Sie folgte einem der Inhaftierten in seine Zelle und blieb bis zum Morgen bei ihm. Dem Gefangenen war ein Begnadigungsgesuch verweigert worden. Mutlos, weil es niemanden kümmerte, was mit ihm geschah, hatte er beschlossen, sich in dieser Nacht mit dem Bettlaken aufzuhängen. Rags gab dem Mann keine Chance. Bei jedem Versuch, aus seiner Koje zu gleiten, begann die Hündin zu knurren. Der Mann wusste, dass sie bellen und dadurch die Wärter alarmieren würde, wenn er sich weiterbewegte. Schließlich gab er auf und dachte, dass wenigstens Rags sich um ihn sorgte und er sich noch eine Chance geben sollte.

Hobo (Landstreicher) wurde seinem Namen gerecht. Zum ersten Mal tauchte er auf einem Bahnhof in Virginia auf. Anfangs reiste er in Vorortzügen, dehnte dann aber seine Fahrten aus. Er reiste Tausende von Kilometern durch das ganze Land. Bei gutem Wetter saß er hinter der Lokomotive auf dem Kohlenwagen, bei schlechtem Wetter in den Abteilen. Wie weit er auch reiste, stets kehrte er zu jenem Bahnhof in Virginia zurück.

Laut Postamt der USA ist Owney der wohl am weitesten gereiste Hund. An einem kalten Tag im Jahr 1888 schlüpfte ein Welpe in das Postamt von Albany, New York, krabbelte hinter einige Postsäcke und schlief ein. Freundliche Postangestellte fütterten ihn, und er begann, den Ablauf des Postbetriebs zu beobachten. Als er sah, wie die Postsäcke in die Zugwaggons verladen wurden, muss seine Reiselust erwacht sein. Er verschwand für mehrere Wochen aus Albany. Nach seiner Rückkehr erhielt er ein Halsband mit seiner Erkennungsmarke und einem Etikett mit der Bitte an jede Poststelle, an der er auftauchte, den Namen des Ortes zu notieren.

Owney bereiste das ganze Land. Vom Postpräsidenten erhielt er eine Reiseerlaubnis für alle Postzüge und eine Art Geschirr, um die Last der zahlreichen Ortsetiketten zu erleichtern. Der Hund gelangte mit den Postsäcken bis nach Japan, China, zum Suez-Kanal, zum Mittelmeer und zum Atlantischen Ozean. Auf seiner Weltreise sammelte er über zweihundert Medaillen, darunter die des Kaisers von China. Owney starb angeblich an den Verletzungen, die er sich im Kampf mit einem anderen Hund zugezogen hatte. Sein Körper wurde einbalsamiert und zusammen mit dem Geschirr und den Medaillen einige Jahre im Postmuseum in Washington D.C. ausgestellt.

Spot war das Maskottchen der Feuerwehrstation. Er begleitete die Löschzüge und beobachtete den Kampf gegen das Feuer. In jener Nacht schlief Spot nicht wie gewohnt in der Feuerwehrstation, sondern im Haus seiner beiden Spielgefährten, der elfjährigen Nora und dem achtjährigen Maxwell Souder. Das Haus stand gegenüber der Station. Kurz nachdem er eingeschlafen war, wurde Spot durch Rauch geweckt. Aufgeregt bellend rannte er im Haus umher, drückte sich mit aller Kraft gegen die Schlafzimmertür von Frau Souder und riss an ihrer Bettdecke. Sie wachte auf, nahm ihre Kinder, öffnete das Fenster und schrie um Hilfe. Dann verlor sie das Bewusstsein. Spot blieb am Fenster und bellte. Sein Gebell erregte die Aufmerksamkeit eines Polizisten. Die Familie wurde gerade noch rechtzeitig gerettet. Spot hatte sich geweigert, das Haus zu verlassen, bis sie sich in Sicherheit befand.

Jack, ein Dalmatiner, das Maskottchen eines Löschzugs in Brooklyn, erhielt die Tapferkeitsmedaille der Humane Society von New York. Eines Tages begleitete er einen Einsatz. Plötzlich tauchte vor dem Löschzug ein dreijähriges Kind auf. Der Fahrer trat auf die Bremsen, hätte den Wagen aber nicht mehr zum Ste-

hen bringen können. In diesem Moment sprang Jack auf die Straße, schoss vor den Wagen und stieß den kleinen Jungen gerade
noch rechtzeitig zur Seite.

Ein anderer Jack, ein Pavian, sah seine Aufgabe darin, sich um
seinen Herrn zu kümmern. Der Stellwerkswärter auf der Strecke
Johannisburg-Pretoria hatte bei einem Unfall beide Beine verloren, aber er wusste sich mit Hilfe seines Haustieres zu helfen.
Sie lebten in einem kleinen Haus mit Garten. Jack erledigte einen großen Teil der Arbeit. Er pumpte und holte Wasser aus dem
Brunnen, reinigte das Haus und bewässerte und jätete den Garten.
Jeden Morgen nach dem Frühstück sperrte Jack das Haus zu und
zog seinen Herrn in einem kleinen Wagen zur Arbeit. Bekannt
wurde er, weil er die Hebel im Signalraum richtig bedienen konnte. Er kannte jeden einzelnen der verschiedenen Signalblöcke.
Kam ein Zug, zog oder drückte er die Hebel, um die Signale zu
setzen. Wenn erforderlich, schloss oder öffnete er die Weichen.
Während der neun Jahre, in denen Jack in dem Turm arbeitete,
unterlief ihm kein einziger Fehler, der zu einem Unfall geführt
hätte.

Chips, halb Collie, halb Husky, war einer der Helden des Zweiten Weltkrieges. Er diente in einem Regiment der Siebten Armee
unter General Patton. Bei der Landung in Sizilien wurden Chips
und der Hundeführer Roswell mit heftigem Maschinengewehrfeuer empfangen. Roswell vermutete, dass es aus einer nahegelegenen
Bauernhütte kam. Ehe er seine Kameraden informieren konnte,
hatte sich Chips bereits losgerissen und war in die Hütte gestürmt.
Roswell hörte gewaltigen Lärm, dann brach das Feuer ab. Zuerst
kam ein italienischer Soldat aus der Hütte. Dann ergaben sich drei
weitere Schützen. Die wilde Attacke des Hundes hatte sie wohl in
Schock versetzt. In der Empfehlung des Kapitäns, dem Hund das
Verdienstkreuz zu verleihen, heißt es: „Die mutige Handlung des
Hundes, allein im Handstreich einen gefährlichen Gegner außer

Gefecht zu setzen und ihn zur Übergabe zu zwingen, zeugt von höchstem Selbstvertrauen sowie Zuverlässigkeit im Militärdienst."

Der wohl berühmteste Fährtenhund war Nick Charter, ein Bluthund, dessen Eifer mehr als sechshundert Verbrecher hinter Gittern brachte. Er gehörte Kapitän Mullikan und war auch von ihm ausgebildet worden. Erbarmungslos verfolgten sie ihr Opfer selbst im Gebirge, bis die Pfoten des Hundes bluteten. Auf den Straßen der Stadt waren sie ebenso erfolgreich. Nick konnte eine vier Tage alte Spur ausmachen, selbst die Spur eines Reiters. Verbrecher, die Wind davon bekamen, dass er auf sie angesetzt war, gaben auf.

Von gut ausgebildeten Hunden erwartet man, dass sie Wache stehen, Spuren finden, die Verfolgung aufnehmen, auf Befehl angreifen und Gefangene festhalten. Dass sie auch als Detektiv eingesetzt werden, ist weniger bekannt. Der Schäferhund Dox war auch ein erfolgreicher Fährtensucher. Er konnte komplizierte Knoten lösen und eine Pistole entladen, ohne dass sie losging. Mehrmals gewann er den europäischen Polizeihunde-Wettbewerb. Mit vierzehn Jahren konnte er vier Gold- und siebenundzwanzig Silbermedaillen vorweisen. Sein Körper trug Narben von sieben Schussverletzungen, die er sich in seinem Heimatland Italien zugezogen hatte.

Der Kommandeur der römischen Polizei kommentierte: „Dox mag als Hund geboren worden sein, aber er ist mehr als ein Hund. Wahrscheinlich hat er mehr Fälle aufgedeckt als jeder andere Polizeidetektiv. Wir halten ihn für einen unserer besten „Männer"." Dox gehörte dem Sergeanten Maimone, der ihn ausgebildet hatte. Jahrelang waren die beiden unzertrennlich. Dox schien ein phänomenales Gedächtnis zu besitzen. Eines Tages betraten Maimone und er in Rom ein Restaurant, als der Hund plötzlich einen Mann ansprang, der an einem Tisch saß und Spagetti aß. Es stellte sich heraus, dass dieser Mann, der dem Hund sechs Jahre zuvor in Turin entkommen war, gesucht wurde.

Die Zeitungsartikel über diesen Hund füllten fünf Aktenordner. Sie berichteten beispielsweise davon, wie Dox zwölf Verdächtige in Schach hielt, während Maimone Hilfe holte. Einmal rettete er ein kleines Kind vor einem heranbrausenden Auto. Er spürte einen vermissten Skifahrer auf, nach dem ein Aufgebot von Menschen und Hunden vergeblich gesucht hatte. Ein anderes Mal jagte er auf nur drei Pfoten einen Verbrecher, da eine Pfote angeschossen wurde. Berühmt wurde er, als er einen Fall vollständig alleine löste. Eines Nachts hatte man ihn auf die Spur eines Einbrechers gesetzt, der den Nachtwächter eines römischen Juwelierladens überwältigt hatte. Dox nahm die Spur über ein Kleidungsstück des Wachmanns und eines zurückgebliebenen Werkzeuge auf und führte die Polizisten zu einer Kellerwohnung. Der Bewohner konnte die Polizisten von seiner Unschuld überzeugen. Dox gab sich nicht damit zufrieden. Er bellte Maimone an und lief los. Der Detektiv folgte. Der Hund führte ihn zu dem Juweliergeschäft zurück und rannte in einen rückwärts gelegenen Lagerraum. Dort schnappte er nach einem Knopf und legte ihn seinem Herrn in die Hand. Mit einem erneuten Bellen bedeutete er Maimone und den anderen Polizisten, ihm zu folgen. Er führte sie wieder zu der Wohnung des Verdächtigen. Dort schnüffelte er an einem Schrank, riss einen Mantel heraus und legte ihn Maimone vor die Füße. Es fehlte ein Knopf, und zwar der, den Dox im Juweliergeschäft gefunden hatte. Der Verdächtige gestand.

Es gibt zahlreiche Geschichten über Tiere, die sich eng an einen Menschen drängten, um ihn vor dem Erfrieren zu bewahren. Man kann natürlich auch behaupten, dass sie nur ihre eigene Haut retten wollten. Wie erklärt sich aber das Verhalten von mit den rauen Naturelementen vertrauten Wildtieren, die einem Zwölfjährigen das Leben retteten?

Rheal und seine Eltern gingen zum Fischen. Der Junge saß

nicht im Boot, als dieses kenterte und seine Eltern ertranken. Verängstigt und tieftraurig machte sich der Junge auf den Weg zur nächsten Stadt. In jener Nacht sanken die Temperaturen unter den Gefrierpunkt. Verloren, erschöpft und bis auf die Knochen durchfroren legte sich Rheal auf den Erdboden und betete.

Plötzlich spürte der Junge im Dunkeln etwas Pelziges dicht neben sich. Er wusste nicht, um welches Tier es sich handelte, aber es war warm. Er schlang seine Arme um das Wesen und kuschelte sich ganz nahe an es heran. Er weinte sich in den Schlaf. Als er am Morgen erwachte, lagen drei große Biber über und neben ihm. Er erreichte die Stadt mit blutenden Füßen, aber er lebte.

Ein kleiner Spitz diente seiner Herrin, die unter Diabetes litt, als Nachtschwester. Der Hund schlief in ihrer Armbeuge. Sobald sich ihr Atemrhythmus veränderte, ein Zeichen für ein drohendes Koma, wachte er auf. Er sprang ins Nebenzimmer und weckte die Tochter. Aus medizinischer Sicht kann ein Hund schneller als ein Arzt ein bevorstehendes Koma am Atemrhythmus erkennen. Laut Boone muss der Mensch begreifen, dass sich eine echte Beziehung zu den Tieren nur aufbauen lässt, wenn er ihre Intelligenz und ihre Gefühle achtet. Sollte dies nicht gegeben sein, kann man ein Tier zwar dressieren und ihm befehlen zu gehorchen, ein wirklicher Austausch zwischen Mensch und Tier wird aber niemals stattfinden.

Einen schlagenden Beweis für eine beidseitige Kommunikation lieferte John Rorey, der Wildpferde zuritt. Mitte des 19. Jahrhunderts basierte das Abrichten von Tieren auf Furcht. Rorey hingegen trat dem wildesten Pferd mit Liebe, Freundlichkeit und der erstaunlichen Fähigkeit gegenüber, seine Gedanken und Gefühle zu verstehen. Emerson meinte einmal: „Rorey hat für die Zivilisation eine neue Seite aufgeschlagen."

Niemand kannte Roreys Geheimnis, denn er bestand darauf, mit dem Pferd alleine zu sein. Sein Talent wurde zum ersten

Mal bemerkt, als sein Vater eines Tages ein nicht zu bändigendes Hengstfohlen mit auf die Farm brachte. Es entstammte einer guten Zucht, war aber preiswert, da sein früherer Besitzer es aufgegeben hatte, nachdem ein Dutzend professionelle Pferdezureiter es nicht zu bändigen vermochten. Der Vater wollte dem Tier zeigen, wer der Herr war, und schlug es mit der Peitsche. Das Pferd schnappte nach der Leine und schleuderte den Mann mit solcher Wucht gegen den Zaun, dass dieser sich das Bein brach. Überzeugt vom Wahnsinn des jungen Hengstes, befahl er, das Tier zu erschießen. Ehe die Männer die Scheune erreichten, sahen sie den zwölfjährigen Rorey auf dem Pferd hinausreiten.

Dieser Vorfall machte ihn bald berühmt. Von überall her brachte man ihm Pferde, damit er sie zureite. Er lehrte sie sogar, sich zu verbeugen, niederzuknien und zu galoppieren. Mit neunzehn sollte Rorey fünf der wildesten Pferde bändigen. Vier von ihnen hatten bereits Menschen getötet, und das fünfte zwei Männer zu Krüppeln gemacht. Tausende Zuschauer waren gekommen, um, wie sie glaubten, dem Tod des legendären Rorey beizuwohnen. Er ignorierte die Wetten gegen ihn und betrat die Box des ersten Pferdes. Die Minuten verstrichen. Die Gewinnchancen zugunsten des Pferdes stiegen. Nach vierzig Minuten ritt Rorey das Pferd in die Mitte des Geheges. Während die Menge vor Begeisterung brüllte, stieg er ab, ließ das Tier niederknien und sich auf die Seite legen. Bei den anderen Pferden wiederholte sich Ähnliches.

International bekannt, bereiste Rorey das Land, zähmte die gefährlichsten Pferde und lehrte, dass man den Tieren freundschaftlich gegenübertreten muss. Er reiste durch Frankreich, Deutschland, England, Schweden, Spanien und Ägypten und zähmte die wildesten Tiere. In England sollte er Lord Dorchesters ehemaliges Rennpferd Cruiser zur Vernunft bringen, das man seit Jahren für wahnsinnig hielt. Seine Anfälle waren so extrem, dass es sich selbst biss und einen Holzstall binnen weniger Minuten in Stücke schlug. Aus diesem Grunde wurde es in einem Stall aus Stein und Stahl gehalten.

Als Rorey sich in Begleitung einer kleinen Gruppe geladener Gäste dem Stall näherte, trat das wütende Pferd mit einer solchen Wucht gegen die Tür, dass das gesamte Gebäude erzitterte. In diesem Augenblick erkannte Lord Dorchester, dass er für den Tod Roreys verantwortlich sein könnte. Er bot ihm an, die Abmachung zurückzuziehen und ihn für seine Mühe und die Reise zu entschädigen.

Rorey versicherte Dorchester, er könne unbesorgt sein und bat um einen Halfter und einen Gurt. Als das Pferd einen Moment lang erschöpft innehielt, schlüpfte er rasch in den Stall, legte dem Tier den Halfter an und lief hinaus. Cruiser zerrte an dem Halfter, der an einem Ring in der Wand befestigt war, bis er kraftlos hinfiel. Rorey schlich erneut in den Stall, befestigte den Gurt mit zwei Riemen, die so angeordnet waren, dass er die Vorderbeine des Pferdes zusammenklemmen konnte, wenn er an den Riemen zog. Drei Stunden lang saß Rorey neben dem Pferd, liebkoste es, streichelte seinen Hals und sprach leise zu ihm. Jedes Mal, wenn Cruiser sich sträubte, zog er vorsichtig an den Riemen. Am nächsten Tag ritt er mit ihm durch die Straßen von London. Rorey starb im Alter von dreiundachtzig Jahren. Seine Botschaft lebt weiter.

Boone berichtet von seiner Freundschaft mit einer gewöhnlichen Stubenfliege, die er Freddie nannte. Jeden Morgen um sieben Uhr tauchte sie auf und landete auf seinem Rasierspiegel. Boone lud sie ein, auf seinem Finger zu spazieren. Sie krabbelte ihn hinauf und hinunter. Dann pflegten sie zu spielen. Boone warf sie in die Luft und fing sie mit der Fingerspitze wieder auf. Dieses morgendliche Rendezvous ging eine Weile weiter. Die kleine Stubenfliege kam auch, wenn Boone sie rief. Er erinnerte sich daran, was er von Strongheart gelernt hatte. „Erstens: Im Innersten waren die Fliege und ich als Lebewesen untrennbare Teile einer miteinander verbundenen, interaktiven und alles umfassenden Gesamtheit. Zweitens: Weder sie noch ich sind Urheber, wir sind nur individuelle Lebensäußerungen eines universalen göttlichen Urgrundes oder Geistes, der durch alle Lebewesen spricht und lebt." Man kann viel lernen, „wenn man ruhig mit dem Tier spricht, nicht zu einer „Fliege" mit den begrenzenden, verachtenden Eigenschaften, die einer Fliege üblicherweise zugeschrieben werden, sondern wie zu einem intelligenten Gefährten."

Grace Wiley hat diese Einstellung auf die Schlangen übertragen, die man ihr in ihren Zoo brachte. Sie verstand es, mit Schlangen aller Art zu kommunizieren, denen ein schlechter Ruf vorauseilte, wie Kobras, Nattern, Vipern, Klapperschlangen und so fort. Die meisten Klapperschlangen besänftigte sie in einer knappen Stunde. Es bedurfte nur der freundlichen, liebe- und verständnisvollen Zuwendung.

Alle, die es verstehen, mit Tieren zu kommunizieren, wissen, dass die Kommunikation aus dem Herzen kommen muss, den intuitiven Ebenen einer Universalsprache, die keine Barriere zwischen den Naturreichen kennt. Tiere sind höchst sensitiv. Will man mit ihnen Kontakt aufnehmen, müssen wir offensichtlich die Grenzen des Intellekts überschreiten und in tiefere Dimensionen des Geistes vorstoßen.

Die westliche Wissenschaft hat gerade damit begonnen, ein Bewusstseinsmodell zu entwerfen, das dem besseren Verständnis paranormaler Fähigkeiten dient. Diese wurden inzwischen von einer breiten Öffentlichkeit akzeptiert, was viele Menschen ermutigt, sie zu entwickeln. Je mehr Testpersonen verfügbar sind, desto eher gelingt es den Wissenschaftlern, Hypothesen über die Gehirnstruktur und den Geist aufzustellen. Da Tiere uns offensichtlich im Gebrauch ihrer übersinnlichen Fähigkeiten in vielfacher Weise überlegen sind, können sie dem Menschen helfen, seine eigenen Talente zu fördern, indem er sich telepathisch mit ihnen verständigt. Hunde, Katzen, Vögel und andere Haustiere sind hervorragende Sender und Empfänger.

Rex, der Hund meines Nachbarn, schien die Gedanken seines Herrchens lesen zu können. Er fuhr gerne im Auto und ahnte im Voraus, wenn es losgehen sollte, obwohl er nicht darauf hingewiesen wurde. Er rannte zum Wagen und bellte. An Wochentagen ignorierte er das Auto, da er wusste, dass man ihn nicht mitnahm. Sady, unser Basset, sitzt auf dem Anhänger, wenn wir unsere tägliche Arbeit auf der Farm erledigen. Sie scheint zu wissen, wann wir länger anhalten; dann springt sie ab. Sind wir nur kurz fort, wartet sie. Es gibt zahlreiche Geschichten von Hunden, die am Ausgang der Einfahrt auf ihre Herrchen oder Frauchen warten, wenn sie von der Arbeit heimkommen. Sie scheinen es stets so einzurichten, dass sie wenige Minuten vor dem Eintreffen des Wagens dort sind. Sind sie noch unterwegs, werden sie erst dann wieder auf sie warten, wenn sie zurückkommen.

Pastor Shedd berichtete von dem seltsamen Erlebnis einer Angehörigen seiner Gemeinde mit ihrem Pferd. Die junge Frau lebte in der Stadt. Ihre beiden Reitpferde befanden sich etwa acht Kilometer außerhalb auf einer Weide. Gegen zwei Uhr nachts weckte sie das Wiehern eines Pferdes. Sie versuchte wieder einzuschlafen, da es in ihrer städtischen Umgebung keine Pferde gab. Das Wiehern wiederholte sich. Sie hörte es laut und deutlich und mit ihm das warnende Gefühl, zur Koppel zu gehen. „Unsinn, es ist zwei Uhr morgens", sagte sie sich. Aber sie konnte nicht widerstehen, zog sich an und fuhr los. Beim Schein der Taschenlappe erkannte sie, dass sich ihre Lieblingsstute in einem Draht verfangen hatte und herzzerreißend wieherte. Die junge Frau befreite sie. Außer ein paar Schrammen war nichts passiert.

Marcella weckte ihr Frauchen, deren Mann sich auf Geschäftsreise befand, mitten in der Nacht. Mit gesträubten Haaren stand die Hündin in der Tür und knurrte. „Ihre Stimme klang tief, heiser und fremd", erzählte die Frau später und fügte hinzu, dass Marcella sich aufführte, als habe sie Angst. Sie schien etwas zu sehen, was ihre Besitzerin nicht sah. Der Setter begann kläglich zu heulen, kauerte sich in eine Ecke und wimmerte jämmerlich. Kurze Zeit darauf kam die Nachricht, dass ihr Mann bei einem Autounfall ums Leben gekommen war. Marcella musste es wohl gesehen haben.

In einem anderen Fall starb ebenfalls ein Mann bei einem Autounfall. Um Mitternacht erfuhr seine Frau davon. Am nächsten Morgen beobachtete sie, dass sich der von ihrem Mann heiß geliebte schwarze Kater höchst erregt benahm. Er wollte weder ins Haus kommen noch fressen und ließ sich nicht anfassen. Er blieb in der Nachbarschaft und beobachtete hin und wieder das Haus, ließ aber niemanden in seine Nähe.

Flak war das Hundemaskottchen der Besatzung eines Bombers im Zweiten Weltkrieg. Von den anderen Fliegern auf dem Stützpunkt in Tunis hielt er sich fern, tauchte aber jedes Mal auf dem Flugplatz auf, kurz bevor seine sechs Herrchen von einem Einsatz zurückkehrten. Eines Tages begann Flak laut klagend zu heulen und ließ sich nicht beruhigen. Als die Bomber von ihrem Einsatz zurückkehrten, weigerte er sich zum ersten Mal, auf die Landebahn zu gehen. Irgendwie wusste er, dass das Flugzeug mit seiner Mannschaft kurz zuvor über Italien abgeschossen worden war.

Duke besaß außerordentlich weit entwickelte übersinnliche Fähigkeiten. K. G. Dee hatte den Hund wohl schon als Junge bekommen. Während er in der Schule saß, fuhr Duke mit Fred, dem Lieferanten, Pakete aus. Wenn Fred das Paket zustellte, nahm der Hund die Zügel ins Maul und wartete. War der Schulunterricht vorbei, lief er nach Hause und blieb bei Dee. Eines Tages erzählte Fred dem Vater des Jungen, dass der Hund unglaublich klug sei und jedes Wort verstand, das man zu ihm sagte. Erklärte er ihm, dass am folgenden Tag keine Pakete auszuliefern wären, er-

160

schien der Hund nicht im Geschäft. Nahm Fred Urlaub und ließ den Hund wissen, dass er erst eine Woche später zurückkommen werde, konnte man sichergehen, Duke weder in der Nähe des Geschäftes noch des Lieferwagens anzutreffen. Bei der Gemeindewahl kandidierte Vater Dee gegen den ortsansässigen Metzger. Bis zu diesem Zeitpunkt hatte Duke den Sohn begleitet, wenn er Werbezettel verteilte. Von Beginn der Kampagne an blieb er draußen stehen. Als der Metzger die Wahl gewann, betrat er den Laden nie wieder.

Der Grund, warum die meisten Menschen keine telepathischen Botschaften auffangen, mag daran liegen, dass sie zu viele empfangen. Die einzelne Botschaft hinterlässt keinen besonderen oder individuellen Eindruck in ihrem Gehirn. Vielleicht beschäftigen wir unser Gehirn zu stark mit den Daten, die unsere fünf Sinne übermitteln, und achten zu wenig auf die durch unsere übersinnlichen Fähigkeiten aufgenommenen Informationen. Die Tiere werden weniger von der Vielschichtigkeit des Lebens überhäuft und schwingen stärker im Einklang mit der Natur und den übersinnlichen Bereichen. Man spricht auch von dem „verborgenen Herzen" oder einem Wissen tief im Inneren. C.G. Jung beschrieb eine Intelligenz jenseits des individuellen Intellekts, das große kollektive Unbewusste, die raum- und zeitlose Lagerhalle aller Erinnerungen, Gedanken und Kenntnisse. Dieses geistige Reservoir ist überall dasselbe. Alle Lebensformen haben daran teil und sind darin eingehüllt. Ungeachtet ihrer physischen Form bewegen sich die einzelnen Geister in diesem universellen Sein und werden einander in einem neuen Medium bewusst.

12

Tiersprache

„Alle Lebewesen, nicht nur der Mensch, besitzen neben der äußeren, physischen Form auch einen inneren, geistigen Aspekt.
Der Indianer tötet ein Tier oder fällt eine Kiefer, um ihre physische Form für seine materiellen Bedürfnisse zu nutzen. Aber zuvor ruft er den Geist des Tieres oder der Pflanze als Quelle fein-
stofflicher Energie an. Solche Rituale gibt es auch heute noch.
Wir müssen uns dieser Überzeugung annähern, um uns auf die
inneren und äußeren Wirklichkeiten des Lebens einzustimmen,
wollen wir die Kluft zwischen unserem Verstand und unserem
Herzen schließen. Wenn wir die Natur bedenkenlos zerstören,
wird der Mensch, der selbst Teil der Natur ist, sein inneres Selbst
zerbrechen, denn sein Unbewusstes steht auf der gleichen Stufe
wie sie und wurzelt in ihr. Durch unseren zerstörerischen und
materialistischen Rationalismus haben wir unser unbewusstes
Selbst dem irdischen Substrat unseres eigentlichen Seins entfremdet. Wir müssen der Stimme des verborgenen und unsichtbaren Geistes der Erde lauschen."

Als ich diese Zeilen las, erinnerte ich mich an die Worte von
Lois: „Wenn du lernst, dem Wind zu lauschen und die Sprache der
anderen Tiere zu verstehen, wirst du niemals das Zentrum dei-
nes Seins verlieren." Sprache kann mehr als eine Anhäufung von

Wörtern sein. Wahre Zwiesprache entspringt dem Herzen, nicht dem Verstand.

Bei dem Buch *Die Möwe Jonathan* handelt es sich um eine moderne Mythologie, in der die verborgenen Wahrheiten sinnbildlich dargelegt werden. Obwohl die Geschichte vom Aufenthalt des Menschen in dieser und in anderen Welten handelt, spürt der Leser, dass die Möwe eine wesentliche Rolle spielt. Nach dem jüdisch-christlichen Verständnis gilt die Unsterblichkeit allein für den Menschen, aber tief in unserem Inneren wissen wir, dass wir unser Schicksal mit dem großen weißen Vogel teilen. Die Freude und der Optimismus, den der Leser bei der Lektüre des Buches empfindet, von denen der Autor behauptet, sie aus einer anderen Dimension empfangen zu haben, widersetzen sich jeder Logik. Zumindest für einen Augenblick erfüllt ihn die Gewissheit, dass alles Leben eins ist.

„Fragt die Tiere, und sie werden dich lehren; und die Vögel der Luft, und sie werden mit dir reden..." Wir neigen dazu, Kommunikation mit Worten gleichzusetzen. Wir beschreiben Musik und Kunst und vergessen dabei, dass sie für sich selbst sprechen. Auf Musik muss man mit Musik antworten, auf ein Gemälde mit einem Gemälde. Wörter haben uns unsere Anfänge vergessen lassen. Sie dienten der Aufzeichnung unserer Erfahrungen im Laufe der Jahrhunderte. Sie bildeten die Bausteine der Zivilisation. Aber sie haben uns von uns selbst entfernt. Wir haben gelernt, dass etwas zu bezeichnen bedeutet, etwas zu verstehen. Worte waren nicht nur der Weg aus dem Garten Eden, sondern sie führten auch dazu, uns den anderen Bewohnern dieses Planeten zu entfremden. Vielleicht glaubten wir, die Tiere hätten uns, abgesehen von ihrem Fleisch, ihrer Arbeitskraft, ihrer Treue und Hingabe, nichts zu bieten. Offensichtlich lagen wir falsch. Wir mögen sogar entdecken, dass wir nicht die weisesten Bewohner sind. Doch nun beginnen wir, anderen Stimmen im Wind zu lauschen.

Wenden wir uns den Bemühungen einiger Tiere zu, die Sprache des Menschen zu erlernen. Vielleicht glaubten sie nicht mehr daran, dass der Mensch ihre Sprache jemals respektieren werde. Wir werfen einen Blick auf die Kommunikation von Tieren untereinander sowie auf die Verständigung zwischen Mensch und Tier und sprechen von den Erfahrungen jener, die, jenseits der Begrenzungen physischen Seins, Zwiesprache mit anderen Kreaturen hielten und eine Bewusstseinsgrenze überschritten.

Es erstaunt uns nicht, dass Papageien die menschliche Sprache sprechen. Krähen, Elstern und Dohlen vermögen das Gleiche, nur eher krächzend. Der Ethnologe und Tierpsychologe Konrad Lorenz meint, dass einige Papageien die Menschenstimme nicht nur nachahmen, sondern hinter „diesen Lauten mitunter eine gewisse Gedankenassoziation steht". Er schreibt, dass viele Graupapageien nur zu der entsprechenden Tageszeit „Guten Morgen" rufen, und dies nur einmal zu einer Person. Sein Freund besaß einen Graupapagei, der auf den Namen Geier hörte und über ungewöhnliche Fähigkeiten verfügte. „Na, auf Wiedersehen", sagte er nur zu einem Gast, wenn dieser auch wirklich aufbrach. Die beiden Männer wollten den Vogel austricksen, indem einer von ihnen vorgab, den Raum zu verlassen. Er ging bis zur Tür. Der Papagei blieb still. Wenn sich aber jemand aus der Tür schlich und tatsächlich ging, rief Geier: „Na, auf Wiedersehen!"

M. Hachet-Souplet, der Direktor des Instituts für zoologische Psychologie in Paris, lehrte einen Papagei das Wort „Schrank" zu sagen, wenn er ihm eine kleine Schachtel zeigte, in dem sich sein Futter befand. Die Schachtel hing an der Wand. Man musste auf eine Leiter steigen, um sie zu erreichen. Der Vogel sollte dann rufen: „Klettern!" Eines Tages hängte man die Schachtel hoch oben an die Wand und zog die Leiter in eine Ecke des Labors. Der Papagei sollte herausfinden, wie sein Wohltäter die mit Hanfsamen gefüllte Schachtel erreichen konnte. Bis er die Lösung gefunden hatte, fütterte man ihn mit Hirse, die er verabscheute. Am ersten Tag schrie er: „Schrank! Schrank! Schrank!" und biss an dem Gestänge seines Käfigs. Nach erheblichem Lärmen konzentrierte sich der Vogel am zweiten Tag auf die Leiter. Nach einer Weile schrie er: „Leiter, klettern, Schrank!" Er bekam seinen Hanfsamen.

Ein Papagei, der im „Parrot Jungle" in Miami lebte, rief eines Tages einen Satz, der die Situation genau erfasste, den man ihn aber nicht gelehrt hatte. Die Frau des Besitzers kümmerte sich um die Eintrittskarten. Eines Tages verlangte ein Mann einen Preisnachlass, den sie ihm nicht gewähren konnte. Der Mann wandte sich beleidigt ab. Der Papagei turnte in der Nähe auf einer Stange. Als sich der Mann schimpfend entfernte, rief er mit einer Stimme, die jener der Frau stark ähnelte: „Geh zur Hölle!" Einige Passanten drehten sich missbilligend um; doch der Vogel hatte sich nur wie ein Gentleman benommen, der eine Lady verteidigt.

Experimente mit Schimpansen haben gezeigt, dass sie über mindestens zweiunddreißig gesonderte Laute verfügen, um unterschiedliche Gefühle zum Ausdruck zu bringen, darunter Ängstlichkeit, Furcht, Hunger oder Zorn. Die Laute dienen aber auch der kurzen Verständigung mit Mitgliedern ihrer Gruppe. Judy, der Schimpanse, der in der Fernsehserie „Daktari" mitspielte, konnte einhundertfünfundzwanzig verbale Befehle voneinander unterscheiden. Wissenschaftler haben das Vokabular von Menschenaffen aufgezeichnet. Einige Wörter, die auch von den Buschmännern Südafrikas benutzt werden, scheinen mit Wortwurzeln aus dem alten China identisch zu sein.

Versuche, Menschenaffen unsere Sprache beizubringen, sind nie über eine Wiederholung bestimmter Wörter hinausgekommen. Neuere Studien ihrer spontanen Gesten haben ergeben, dass Schimpansen und Kinder eine ähnliche Zeichensprache verwenden. Ein Schimpanse, den man die Taubstummensprache zu lehren versuchte, beherrschte nach einem Jahr neunzehn Zeichen, von denen einige bestimmte Verben und Adjektive bedeuteten. Der Affe wusste sie in unterschiedlichem Kontext richtig einzusetzen.

Einen gewissen Erfolg erzielte man dabei, Elefanten den Unterschied zwischen verschiedenen optischen Symbolen beizubringen. Sie haben gelernt, auf Maschinen mit leicht lesbaren Buchstaben zu schreiben. Elefanten sehen schlecht, dafür besitzen sie eine unglaubliche Feinfühligkeit in ihrer Rüsselspitze. Forscher, die mit den Stärken dieser Tiere zu arbeiten versuchen, fragen sich, ob man ihnen nicht die Blindenschrift beibringen sollte.

Man schätzt, dass ein Haustier etwa sechzig Worte versteht. Manche Tiere verstehen sogar mehrere Hundert. Der Schäferhund Fellow verstand dreihundert Worte, nicht nur die damit einhergehende Tonlage. Erfolgten vertraute Befehle in einem anderen Zusammenhang, begriff sie der Hund sofort. Sein Besitzer meinte, er rede nur in einem sinnvollen Zusammenhang mit dem Tier, belohne oder bestrafe ihn niemals und sage höchstens: „Guter Hund" oder „Schäme dich".

In den vierziger Jahren erregte ein sprechender Hund großes Aufsehen. Blitz, der Schäferhund, lebte mit seinem Besitzer Arthur Devlin in Boston. Phelan, ein Journalist, der Blitz „interviewte", berichtete, es habe ihm die Sprache verschlagen, als der Hund murmelte: „Guten Morgen. Ich möchte meine Puppe." Devlin entdeckte die Fähigkeit seines Hundes, nachdem er ihn mehrmals gefragt hatte: „Willst du raus?" und Blitz jedes Mal brummte: „Möchte raus." Er traute seinen Ohren nicht und holte einen Nachbarn, dem der Hund seine Worte wiederholte.

Devlin konnte niemals sicher sein, was der Hund als Nächstes von sich gab. Bei einer Gelegenheit nahm er Blitz mit in eine Wirtschaft. „Ich gab ihm ein 25-Cent-Sück. Der Hund legte seine Pfoten auf die Theke, schob das Geldstück vor und meinte: „Ich will einen Hamburger." Der Wirt ließ vor lauter Schrecken ein Glas Bier fallen."

Lucky, ein Terrier, konnte mehrere Worte sprechen. Seine Sprechstimme war hoch und dünn und ähnelte einer sprechenden Puppe. Sein natürliches Gebell klang tief. Obwohl es ihm Schwierigkeit bereitete, einige Konsonanten auszusprechen, konnte man ihn deutlich verstehen. Er knurrte die Sätze nicht, sondern artikulierte erkennbare Worte. Die Besitzerin erzählte, dass der Hund sie auf einem Besuch bei einer Nachbarin begleitetet hatte. Wahrscheinlich langweilte er sich, denn mit einem Male meinte er: „Lass uns nach Hause gehen."

Man fragt sich, inwieweit die Einbildungskraft in diesen Fällen eine Rolle spielt. Wird die Sprachfähigkeit solcher Tiere jedoch von mehreren, teils unvoreingenommenen Personen bestätigt, kann man solche Berichte nicht einfach ignorieren. Missie bewies ihre Fähigkeiten Dutzenden von Leuten. Vor Jahren machte Pepe, ein Chihuahua, als sprechender Hund von sich reden.

Gelegentlich hob Pepe seinen Kopf und gab eine Art Singsang von sich, wie „Ich liebe dich" oder andere Gefühlsäußerungen, was eine Journalistin folgendermaßen beschrieb: „In Pepes Kehle entsteht ein dünner Sington, wenn sich seine Muskeln zu bewegen beginnen. Dann hebt er den Kopf, öffnet weit das Maul und singt die Worte mit einer für dieses kleine Tier sehr lauten Stimme. Er singt eher, als dass er spricht, obgleich es eine Kombination aus beidem zu sein scheint. Mit jedem Satz geht er die Tonleiter rauf und runter und benutzt dabei drei oder mehr Töne." Pepe erschien mehrmals mit seiner Besitzerin im Fernsehen. Die Zuschauer waren geteilter Meinung. Einige schienen überzeugt zu sein, dass der Hund Worte sprach, die den ersten Sprachversuchen von Kindern ähnelten, während andere glaubten, es wäre eher seine Tonlage gewesen, die annehmen ließ, er spreche.

Untersuchungen haben ergeben, dass Hühner über ein Vokabular von etwa fünfundzwanzig Zeichen verfügen. Rotwild schlägt mit dem Geweih gegen Bäume und Büsche, um eine Nachricht zu übermitteln, und scharrt den Boden auf, wenn Gefahr droht. Gibt der Elch als Warnsignal ein kurzes Schnauben von sich, wird die Herde augenblicklich fliehen. Eine Kopfbewegung des Anführers genügt, um sie in die angezeigte Richtung laufen zu lassen.

Man hat beobachtet, dass ein Wolf, der im Kampf mit seinesgleichen besiegt wurde, den Schwanz zwischen die Beine klemmte und seine Kehle entblößte, was einer Aufforderung an den Gegner gleichzukommen schien, ihn zu töten. Offensichtlich geschieht dies höchst selten. Das unterlegene Tier darf sich davonschleichen.

Die Haubenlerche vermag menschliche Stimmen nachzuahmen. Es wird berichtet, dass zwei Lerchen mit ihren Fähigkeiten einen Schäfer und seine Hunde völlig verwirrten. Der Schäfer pfiff seine Befehle an die Hunde. Die einzelnen Pfiffe besaßen eine bestimmte Bedeutung. Fünf ansteigende Pfiffe, der letzte Ton etwas tiefer, hieß: „Lauft weg!" Ein oder mehrere scharfe Pfiffe galten als unterschiedliche Zeichen für „Beeilt euch!" Ein zitternder, langgezogener Pfiff hieß für die Hunde, unverzüglich zu ihrem Herrn zu kommen. Die Lerchen beherrschten diese Töne auch, und die Hunde kannten sich bald nicht mehr aus. Sie lernten erst dann zu reagieren, wenn der Schäfer seinen Pfiff mit einer Handbewegung bekräftigte.

Ein Ornithologe verglich die Pfiffe des Schäfers mit denen der Lerchen. Es stellte sich heraus, dass der Schäfer nicht sehr musikalisch war und selten dieselbe Tonlage traf. Außerdem fehlte ihm der Sinn für Rhythmus. Die Lerchen hatten damit keine Schwierigkeiten. Sie wiederholten die Töne, die sie aufgefangen hatten, gleichbleibend genau in C-Dur.

Trotz der Ungenauigkeit von Ton und Rhythmus ihres Vorbilds, behielten sie ein gleichbleibendes Muster bei. Vögel übertragen das, was sie gehört haben, in einer Weise, die ihren eigenen Anlagen entspricht. Die Lerche griff die „Idee" auf, die Idealform dieses Motivs, und pfiff es so, wie der Schäfer glaubte, es zu pfeifen, was ihm allerdings nur selten gelang. Die Lerche brachte die Pfeiftöne klarer und musikalischer hervor, zarter im Ton und eleganter in der Tonleiter. Sie verfeinerte sozusagen die Pfeiftöne. Sie entfaltete ein erstaunliches Gespür für Form und Metrik, ein Vogel, dem bislang keine große Gesangskunst zugestanden wurde. Man hat wohl kaum ein Ordnungsprinzip hinter seinem musikalischen Potpourri vermutet.

Dieses Phänomen kann auch bei anderen Vögeln beobachtet werden. In einem Park ahmten Amseln die Pfiffe eines Mannes nach, der damit seine Katze herbeirief, ein gefährliches Unterfangen für die Vögel. Man beobachtete die Katze, wie sie einen von ihnen, der dumm genug gewesen war, sie zu rufen, ansprang. In ähnlicher Weise machte ein Papagei auf sich aufmerksam, dem es manchmal gelang, aus seinem Käfig auf einen nahen Baum zu fliegen. Sofort begann er zu rollen: „Hier, Kitty, Kitty!", während die Familie aufgeregt versuchte, ihn ins Haus zurück zu locken.

Man führte ein Experiment mit einem Rotkehlchen durch. Während der Vogel sang, stellte man ein Metronom in seine Nähe. Das Rotkehlchen reagierte auf das tickende Instrument, so wie ein Opernsänger auf den Dirigenten. Es hielt das Liedtempo genau im Takt des Metronoms. Erhöhte sich das Tempo allmählich, bemühte sich der Vogel, Schritt zu halten, bis zu einem Punkt, an dem er sich nicht mehr nach dem Metronom richtete. Das Rotkehlchen begann, eine andere Melodie zu singen, deren natürliches Tempo der Schnelligkeit des aufdringlichen Instruments entsprach. Könnte es einen besseren Beweis dafür geben, dass Vögel ein Gespür für die Schönheit musikalischer Formen besitzen?

Zahlreiche Wissenschaftler stimmen darin überein, dass der

Gesang der Vögel nicht allein zweckbestimmend ist. Er besitzt eine ästhetische Note, die jenseits der Kommunikation liegt und als erster Schritt zur Kunstform betrachtet werden kann. Der Gesang des Vogels erlangt seine höchste Perfektion, wenn er nicht dem Abstecken seines Territoriums, dem Anlocken eines Weibchens oder der Herausforderung eines Rivalen dient. Ein Blaukehlchen, eine Dohle, eine Amsel erschafft ihre kunstvollsten Lieder, wenn sie still für sich singt. Soll der Gesang etwas bezwecken, verliert er seine Subtilität.

Raben hält man für besonders klug. Sie krächzen nicht nur und ahmen verschiedene Laute nach, die sie aus ihrer Umgebung aufgefangen haben, sondern können die menschliche Stimmer besser nachmachen als ein Papagei. Wotan ahmte gerne das Bellen eines Hundes nach, Freya hingegen, Wotans Gefährtin, schrie gerne wie ein Truthahn.

Eines Tages war Wotan verschwunden. Freya suchte ihn verzweifelt und begann zu bellen, was sie bis dahin niemals getan hatte. Wotan antwortete mit dem Schrei eines Truthahns. Sobald die beiden sich gefunden hatten, gingen sie wieder sie zu ihren alten Gepflogenheiten über. Dohlen benutzen den Ruf ihres Gefährten, um ihn von seinen Streifzügen zurückzuholen. Jemandem „beim Namen" zu rufen, scheint sich nicht auf eine einzige Spezies zu beschränken.

Man beobachtete junge Dohlen bei ihrem Unterricht. Fünf Junge flogen aus dem Nest zu einem nahen Baum und ließen sich auf beiden Seiten des Vaters auf einem Ast nieder. Dieser sang ihnen eine Melodie vor. Mit erhobenen Köpfen hörten die Jungen aufmerksam zu. Ihm immer noch zuhörend, begannen sie nach einer Weile, leise mitzusingen. Der Vater wiederholte die Melodie so lange, bis alle Kinder jeden Ton genau trafen.

Ameisen mischen zahlreiche Düfte. Auf diese Weise entwickeln sie mehr „Wörter" als ihr Körper Duftdrüsen besitzt. Sie scheinen ihre Duftsignale unterschiedlich rasch versprühen zu können und dadurch verschiedene Duftstärken zu bestimmen. Auf diese Weise schaffen sie eine Art Morse-Alphabet.

Betrachtet man die Welt der Delphine, mag man die Überlegenheit des Menschen anzweifeln. Zahllose Untersuchungen und Berichte befassen sich mit der außergewöhnlichen Intelligenz, Toleranz, Geduld und selbstlosen Liebe dieser Tiere.

Als ich an der Küste von Florida Makrelen fischte, begegnete ich ihnen zum ersten Mal. Zunächst war ich ihnen nicht besonders freundlich gesonnen. Spielerisch tanzten und sprangen sie hinter unserem Boot und vertrieben jede Makrele im Umkreis von einem guten Kilometer. Bald lernte ich, mich an ihren frühmorgendlichen Vorführungen zu erfreuen. Sie versammelten sich in der Nähe unseres kleinen Hauses am Strand und spielten, indem sie alles nachahmten, was der Leit-Delphin vormachte.

Sie beschützen unsere Küsten vor Haifischen. Geschichten über Delphine, die Menschenleben im Wasser beschützten oder retteten, hatte ich bislang wenig Bedeutung beigemessen. Als ich eines Tages nach Korallen tauchte, erschrak ich zutiefst. Eine torpedoförmige Gestalt schwamm auf mich zu. Mein erster Gedanke: „Ein Hai!" ließ mich so schnell ich konnte auftauchen. Erleichtert stellte ich fest, dass neben mir ein Delphin schwamm. Als ich die Wasseroberfläche erreicht hatte und er sicher war, dass ich leicht das Boot erreichen konnte, verschwand er so rasch, wie er gekommen war.

Ein Nachbar vertraute auf die Delphine, dass sie ihn nach einem Ausflug auf dem Meer sicher heimbrachten. Mehrmals in der Woche legte er sich auf einen Lastwagenreifen und ließ sich auf das Meer hinaustreiben. Er hätte sich dabei gefährlich weit vom Ufer entfernen können, was aber niemals geschah. Jedes Mal beschlossen einige wachsame Delphine, dass er weit genug draußen war und stießen ihn zum Strand zurück. Unsere erste Unterhaltung mit einem nicht menschlichen Wesen wird möglicherweise mit einem Delphin stattfinden. Mit großem Erstaunen haben Wissenschaftler festgestellt, dass Delphine eine größere und komplexere Hirnrinde besitzen als der Mensch.

Vor Jahren wurden Delphine in einem Forschungsinstitut unter der Leitung von Dr. Lilly einer Spezialstudie unterzogen. Man erhoffte sich, aus den entwickelten Schwimmfähigkeiten dieser großen Säugetiere Anregungen für ein geplantes Unterseeboot ableiten zu können. Niemand hätte gedacht, wie bedeutsam die Entdeckungen sein würden. Um mit den Delphinen Schritt zu halten, musste Lilly einen Computer einsetzen. Er fand heraus, dass ihr Gehirn im Vergleich zu dem des Menschen unglaublich viel rascher arbeitet, schätzungsweise sechzehnmal schneller. Man fragt sich, ob das Tier alle Informationen behalten kann. Lilly setzte eine Elektrode in das „Lustzentrum" eines Delphins und fand heraus, dass das Tier gleich beim ersten Versuch lernte, den Strom zum Fließen zu bringen. Affen benötigen Hunderte von Versuchen, um diese Technik zu lernen.

Lilly berichtete von einem jungen Delphin, der sich von der Gruppe entfernte und von drei Haien angegriffen wurde. Er stieß mehrere verzweifelte Signale aus, jedes Mal zwei Pfiffe, von denen der erste immer höher und der zweite tiefer wurde. Mehr als zwanzig Delphine beendeten augenblicklich ihre lebhafte Unterhaltung. Es herrschte absolute Stille. Dann rasten sie mit Höchstgeschwindigkeit auf die Kampfszene zu. Ohne langsamer zu werden, rammten die männlichen Delphine die Haie und zerschmetterten sie. Leblos sanken sie auf den Meeresgrund. Währenddessen kümmerten sich die weiblichen Delphine um den schwer verwundeten Delphin. Zwei von ihnen nahmen ihn zwischen sich, schoben die Flossen unter ihn und hoben ihn an die Wasseroberfläche, so dass sein Atemloch über dem Wasser lag und er atmen konnte. Sie gingen sehr sorgfältig vor und verständigten sich mittels Pfeifsignalen. Von Zeit zu Zeit lösten sich die weiblichen Delphine ab. Es ist bekannt, dass Delphine einem verletzen Mitglied zwei Wochen lang, Tag und Nacht, diese Art von Hilfe zukommen ließen, bis eine völlige Genesung eintrat.

Das Gehirn des Delphins soll einen Zentralisationsgrad erreichen, der dem Menschen weit überlegen ist. Man zweifelt heute daran, dass letzerem die ranghöchste Stufe unter den Säugetieren gebührt. Sollte der Mensch jemals mit Delphinen sprechen können, dann wären es wohl diese Intellektuellen des Meeres, die in allen Disziplinen den Nobelpreis davontragen werden.

Lilly erbrachte einen überzeugenden Beweis für den Dialog zwischen Delphinen. Er stellte eine Trennwand aus dünnem Metall in ein Bassin. Zuerst eröffneten die Delphine ein schrilles Pfeifkonzert. Sie konnten die Laute des anderen zwar hören, sich aber nicht sehen. Sie versuchten, hoch zu springen, um einen Blick auf den anderen werfen zu können. Es gelang nicht. Beide schwiegen. Nach einer Weile begann das Männchen, seine Gefährtin zu ermuntern, mit ihm zu sprechen. Er führte einen ausgedehnten Monolog, ehe sie antwortete. Als sie zu sprechen begann, schwieg er, bis sie fertig war, und umgekehrt. Beide sprachen jeweils unterschiedlich lange.

Man hat festgestellt, dass der Delphin-Töne bis zu 150.000 Hertz hören und Töne bis zu 120.000 Hertz aussenden kann. Die Tiere erzeugen zwei Grundtöne, pfeifende Geräusche und Serien von sich rasch wiederholenden Schnalzgeräuschen mit einer Frequenz von bis zu 120.000 Hertz. Letztere dienen der Positionsbestimmung und werden am häufigsten ausgestoßen. Laboruntersuchungen haben gezeigt, dass Delphine über ein besseres Sonarsystem verfügen als die Fledermaus. Man stülpte ihnen Gummibecher über die Augen, damit sie nichts sehen konnten. Trotzdem schwammen sie in ihrem Bassin mit hoher Geschwindigkeit umher, ohne anzustoßen. Sie konnten Fische fangen, und ein Tier war sogar in der Lage, eine mit Wasser gefüllte Gelatine-kapsel von einem gleich großen Fisch zu unterscheiden.

Man nimmt an, dass die Sprachentwicklung mit der Entwick-lung der Hirnrinde einhergeht. Es spricht Vieles dafür, dass es bei Säugetieren einen kritischen Gehirnumfang gibt, unterhalb dessen Sprache unmöglich ist, darüber aber nicht nur möglich, sondern wahrscheinlich. Nach der modernen Informationstheorie wird die Funktionsfähigkeit durch die Anzahl der miteinander verbunde-nen aktiven Elemente bestimmt. Demzufolge ist das Gehirn des Delphins dem des Menschen überlegen.

Eine der Sprachvoraussetzungen besteht in der Kommunikati-onsmöglichkeit. Die Delphine nehmen über ihren Seh- und Hör-sinn ebenso viele Informationen auf wie wir und sind aufgrund ihres Sozialverhaltens wohl ebenso mitteilsam wie der prähis-torische Mensch, der definitiv eine Sprache besaß. Eine weitere Voraussetzung sind die Ausdrucksmöglichkeiten, an denen es den Delphinen in keiner Weise fehlt.

Lilly fand heraus, dass der Delphin viermal höher liegende Frequenzen benutzt als der Mensch und pro Zeiteinheit viereinhalbmal mehr Informationen bewältigt. Er besitzt zwei getrennte Systeme, die Laute hervorbringen, eins in jedem Atemloch, die gleichzeitig genutzt werden können. Lilly geht davon aus, dass er neunmal so viele Informationen auszusenden vermag wie der Mensch.

Das ozeanographische Institut auf Hawaii ließ seine pazifischen Delphine mit den atlantischen Delphinen im Marinelabor in Mi-ami über Telefon, mittels Unterwassermikrophon, Telefonkabel und Unterwasserlautsprecher miteinander sprechen. Jeder Del-phin ließ den anderen ausreden, ehe er antwortete.

Um ihre Sprechfähigkeit zu überprüfen, setzte man ein Pärchen in zwei getrennte Bassins mit Telefonanschluss. Die Telefonver-bindung konnte jederzeit unterbrochen werden. Die beiden wussten sofort, wann der Anschluss funktionierte. Es fand ein knapper Tonaustausch statt. Keiner sprach länger als fünf Sekunden. Kam keine Antwort, schwieg der andere. In bestimmten Abständen gaben sie mehrere Laute von sich, vielleicht um festzustellen, ob der andere wieder am Apparat war.

Man hörte fünf große Tümmler, die in einer Lagune lebten, mit elektronischen Hörgeräten ab. Während ihrer Abwesenheit wurden fünfzehn Bojen am Eingang der Lagune befestigt. Als die Tiere von einem ausgedehnten Ausflug im Meer zurückkehrten, entdeckten sie die Bojen. Sie hielten augenblicklich an, drehten sich um und blieben in sicherer Entfernung. Sie besprachen sich eine Minute lang. Dann löste sich ein Delphin von der Gruppe und schwamm vorsichtig von einer Boje zur nächsten. Als er zu seinen Kameraden zurückschwamm, ertönte ein lautes Pfeifkonzert. Nach der Diskussion schwamm ein zweiter Delphin vor, um die Bojen zu inspizieren. Als er zurückkehrte, ertönte erneut eine heftige Auseinandersetzung. Man schien beruhigt zu sein. Schweigend schwamm die Gruppe behutsam an den Bojen vorbei in ihre Lagune.

Im Schwarzen Meer baten Delphine ein Fischerboot um Hilfe. Sie umringten den kleinen Kahn und stießen ihn auf eine Boje zu. Die Fischer fanden ein Delphin-Baby, das sich in der Ankerkette verfangen hatte. Nach einer gelungenen Befreiung des Kleinen erschollen Freudenpfiffe, und die Delphine begleiteten das Boot bis zum Hafen.

Die zufällige Entdeckung, dass Delphine Menschenstimmen nachahmen, eröffnete die Möglichkeit einer Kommunikation zwischen Delphin und Mensch. Eines Tages ahmte ein Delphin die Geräusche der Laborausstattung nach. Lilly spielte ihm eine Aufnahme von Geräuschen in einem Viertel ihrer normalen Geschwindigkeit vor. Seine eigene Stimme bestimmte die Gesamtlänge: „Drei – zwei – acht." Sofort wiederholte der Delphin die

176

Worte klar und deutlich in einem hohen Pfeifton. Weitere Versuche bestätigten diese Entdeckung. Die Delphine ahmten die Geräusche des Labors, auch Gelächter, achtmal so schnell wie die menschliche Sprache nach.

Von einem Delphin wurde berichtet, dass er in einem deutlichen Englisch fröhlich zu seinem Trainer meinte: „All right, let´s go!" Er konnte ebenfalls von eins bis zehn zählen. Lilly schrieb: „Man kann mit einem enthusiastischen Delphin nicht monatelang Tag für Tag eine halbe Stunde in rascher Abfolge Vokale austauschen, ohne davon überzeugt zu sein, dass der Delphin versucht, sich mittzuteilen. Er versucht es nicht nur, sondern es gelingt ihm besser als den Forschern. Es ist geradezu unheimlich, Delphine die menschliche Sprache, bisweilen begleitet von der jeweiligen Mimik, nachahmen zu hören."

Lilly experimentierte mit einer Reihe von Silben. Einige dieser Laute sprach er in einer bestimmten Reihenfolge zu dem Delphin Elver. In zweiundachtzig bis zweiundneunzig Prozent der Fälle wiederholte Elver die richtigen Laute einer Zehnerserie in der richtigen Reihenfolge, was dem Menschen schwerfallen dürfte.

Es wird angenommen, dass die Delphine ihre Entwicklungsgeschichte von Generation zu Generation mündlich weitergeben. Das Muttertier säugt ihr Baby achtzehn bis einundzwanzig Monate lang. Während dieser Zeit sind sie eng miteinander verbunden. Lilly fragt sich, ob die Mutter ihrem Kind während dieser Zeit das Wissen und die Geschichte der Delphine vermittelt.

Vielleicht haben wir die Intelligenz der Tiere unterschätzt, da wir davon ausgegangen sind, dass unser Leistungsbild maßgebend ist und allein die technische Entwicklung und die Schaffung einer komplizierten Zivilisation Wachstum bedeuten. Wir haben uns vorgestellt, dass es nur unsere Art von Intelligenz gibt. Die Intelligenz Gottes ist unendlich, die des Tieres geringer. Es ist einer Frage der Abstufung, nicht der Art. Da wir angenommen haben, das die 'niedrige Kreatur' uns nichts lehren kann, haben wir ihr nicht zugehört. Unsere Kurzsichtigkeit und Unzulänglichkeit führte dazu, dass uns vieles von der Welt, in der wir leben, entgangen ist.

Obwohl sich manche Menschen bemühen, mit ihren Tieren zu kommunizieren, gelingt es ihnen nicht, die Brücke zum Dialog zu schlagen. Über das Geheimnis des Zuhörens schreibt Boone: „Gedanken fließen von ihnen zu ihrem Hund, aber nicht von ihrem Hund zu ihnen. Sie sind eifrige Sender, aber keine eifrigen Empfänger, was eine echte Beziehung automatisch aus dem Gleichgewicht wirft."

Boone spricht von seinen Erfahrungen mit Strongheart, echte Zwiesprache zu halten: „Wenn ich versuchte, zu hören und zu verstehen, was der Schäferhund mir schweigend sagte oder, was es besser trifft, was der erhabene Geist durch ihn sprach, bildeten meine Ohren ein gewaltiges Hindernis. Sie waren auf die rauen und disharmonischen irdischen Geräusche eingestellt und unfähig, die zarte Sprache des Geistes aufzunehmen, besonders da sie über einen Hund kam. Ich musste die nahezu verlorengegangene Kunst des Zuhörens erlernen, eine Kunst, von der Yeats behauptete, dass sie der Ewigkeit am nächsten liege."

Als ich eines Abends mit meinem Schäferhund über eine Wiese wanderte, blieb er plötzlich stehen und baute sich vor mir auf. Ich versuchte, ihn zu umgehen, aber er setzte sich erneut vor mich hin. Ich begriff, dass er mir etwas sagen wollte. Er schaute mich so lange an, bis ich mich ebenfalls ins Gras setzte. Dann wandte er sich von mir ab und schaute in die untergehende Sonne. Den Blick gen Westen gerichtet, saß er unbeweglich da, bis die Sonne untergegangen war. Als er aus seiner Träumerei erwachte, stupste er mich an und wir gingen weiter, er verspielt und ich in gedankenverlorener Ehrfurcht.

Schlussfolgerung

Das menschliche Potenzial hat in den vergangenen Jahren einen gewaltigen Durchbruch erlebt. Die Erforschung der inneren Welt ist aufregender als die des Weltraums. Der Mensch verfügt über Möglichkeiten, von denen er kaum zu träumen wagte. Gewiss hat der Vorstoß in das Weltall Türen aufgestoßen, die uns an die Schwelle neuer Raum- und Zeitdimensionen brachte.

Die Feldtheorie besagt, dass alles zueinander in Beziehung steht. Nach diesem Modell gibt es keine Trennung oder Isolation. Den neuesten Erkenntnissen zufolge, wird es immer wahrscheinlicher, dass Energie Bewusstsein ist. Die Welt wird zum Gedanken. Falls dieses Bild der Grundstruktur des Universums entspricht, werden sich paranormale Fähigkeiten, übersinnliche Phänomene, mystische Erfahrungen und dergleichen leichter erklären lassen, als im Versuchslabor zu bestimmen, inwieweit der Geist die Materie beeinflusst und umgekehrt. Wenn alles eine Frage der Bewusstseinsebene ist, gibt es dieses Problem nicht. Glück ist ein Gedanke. Das Gleiche gilt letztlich auch für einen Tisch. Der Unterschied liegt im Beobachter.

Bei der „Kirlian-Photographie" handelt es sich um eine Hochfrequenzphotographie, die anstelle von Licht ein elektrisches Feld verwendet und Bilder der Aura um Körperteile, Blätter, Blumen und dergleichen aufzeichnet. Diese und höchst empfindliche Voltmeter haben uns Mittel an die Hand gegeben, die Übertragung von Energie von einer Person auf die andere zu erfassen, wie etwa bei der Heilung. Ähnlich verhält es sich bei Pflanzen. Sendet man ihnen Liebe, wachsen sie besser als lieblos behandelte Pflanzen.

Gedanken können als Energie begriffen werden. Dies zeigte sich deutlich anhand eines Experimentes, bei dem Einfluss auf das Wachstum von Pflanzen genommen wurde, die kilometerweit entfernt standen. Mittels Poly- und Elektroenzephalographen wurde die Reaktion der Pflanzen auf die emotionale und geistige Einflussnahme aufgezeichnet. Mit Hilfe von starken Elektromikroskopen konnten in kleinsten Lebewesen Veränderungen von Gedankenmustern nachgewiesen werden.

Umfangreiche Forschungsarbeiten auf allen Gebieten haben unsere Sichtweise verändert. Das alte Universum verblasst. An seine Stelle ist ein neues getreten, ein sich nach innen und nach außen ausdehnendes Universum, und es fragt sich, wo das eine endet und das andere beginnt. Wir erkennen die Einheit allen Lebens, den Ausdruck einer alles durchdringenden Intelligenz. Diese Tatsache allein erklärt die Liebe, die Bobbie seinen Herrn suchen oder die Hingabe, die Felix auf dem Grab seines Herrn Wache halten und Chips sein Leben riskieren ließ, um seine Kompanie vor einem Hinterhalt zu bewahren. Es scheint auf einen Universalgeist hinzudeuten, in dem alles Leben sein Sein hat. Könnte hier die Erklärung liegen für Missies Fähigkeit, die Zukunft vorauszusehen, oder wieso eine Schwalbe jedes Jahr zum selben Ort zurückkehrt, oder weshalb Duke die Menschensprache verstand und seine eigene politische Entscheidung traf? Erklärt es, dass eine Katze weiß, wann die wöchentliche Auktion stattfindet, oder warum Rags begreift, dass er den verzweifelten Häftling davon abhalten muss, Selbstmord zu begehen? Verdeutlicht es, weshalb der Hundegeist seinen früheren Besitzer vor Gefahr warnt und Zip wusste, wann es Sonntag war oder Gyp, wann der Weihnachtsabend anbrach?

Boone bietet eine mögliche Antwort: „Strongheart und ich waren Geistwesen, ehe wir materielle Form annehmen konnten. Daher mussten wir uns zunächst auf geistiger Ebene verständigen, bevor wir uns auf anderen Ebenen begegneten. Betrachtete ich unser Verhältnis aus dieser Sicht, stimmten Strongheart und ich völlig überein."

Wir dürfen die Intelligenz des Tieres nicht mit unserer eigenen vergleichen. Als gesonderter Ausdruck des Urbewusstseins mögen sie genauso gut wie wir denken, nur auf eine andere Art. Es wäre falsch, anzunehmen, dass alle Tiere rein und heilig sind. Viele retteten das Leben ihrer Besitzer. Dennoch dürfen wir nicht übersehen, dass sich Tiere aus unerklärlichen Gründen gegen diese erheben. Einer meiner Verwandten wurde fast von einem Bullen getötet, den er von klein auf gepflegt und wie ein Haustier gehalten hatte. Seine Bulldogge konnte ihm damals das Leben retten. So mancher Hund hat den Menschen getötet oder zum Krüppel gemacht, der sich einst um ihn kümmerte.

Hinterlist und Täuschung gibt es nicht nur unter Menschen. Dröscher berichtet von einem jungen Biber, der zu einer Biberkolonie gehörte, die jeden Morgen gefüttert wurde. Der Kleine erschien stets als Erster und wusste sich die besten Leckerbissen zu erhaschen. An einem Morgen verspätete er sich. Die großen und erwachsenen Biber hatten sich bereits um den Futtertrog versammelt, als der Kleine auftauchte. Augenblicklich glitt er ins Wasser zurück und schlug mit seinem breiten Schwanz dreimal heftig auf die Wasseroberfläche. In der Bibersprache heißt dies, äußerste Gefahr. Blitzartig verschwanden alle Biber im Wasser, und der Kleine hatte den Futtertrog für sich alleine. Manchmal stehlen Haustiere Essen von unseren Tischen. Man könnte behaupten, sie wüssten es nicht besser. Gilt dieses Argument auch, wenn ein Tier

Leben rettet? Im folgenden Fall geht es um einen Kater, der sich seiner Untat bewusst war, sie bereute und sich zu bessern suchte.

Timothy hatte sich wohl daran gewöhnt, dass der Kanarienvogel frei im Haus herumfliegen durfte. Eines Tages gelang es ihm, den Vogel zu fressen. Er wurde bestraft und aus dem Haus gejagt. Einige Stunden später tauchte er wieder auf. Ganz behutsam trug er in seinem Maul einen jungen Sperling, den er seinem Frauchen vor die Füße legte.

Was wir üblicherweise unter Tierinstinkt verstehen, wird der Liebe und Hingabe, die manche Tiere zeigen, nicht gerecht. Wenn der Überlebensinstinkt so stark ist, warum riskieren sie dann ihr Leben, um ein anderes zu retten? Curly, unser Kojote-Schäferhund-Mischling, sah, dass Skitter, unser kleiner Terrier, im Begriff stand, überfahren zu werden. Er raste vor die Maschine und rollte den Kleinen aus dem Weg.

Delphine sind furchtlos und werden alles unternehmen, um einen ihrer Art zu retten. Wenn eines der größten und gefährlichsten Raubtiere der Welt, der Killerwal, in eine Gruppe von Delphinen einfällt, die schrille Warnpfiffe ausstoßen, sollte man annehmen, dass sie in panischer Eile fliehen. Dies ist nicht der Fall. Bevor sie sich davonmachen, versuchen sie, verwundete Kameraden zu retten.

Delphine verhalten sich Menschen gegenüber stets freundlich, gleichgültig wie sie von ihnen behandelt werden. Oft hat der Mensch Delphine verfolgt, gefangen, auf sie geschossen und sie getötet. Trotzdem ist kein einziger Fall bekannt, bei dem sich ein Delphin einem Menschen gegenüber feindselig verhalten hat, selbst wenn dieser beabsichtigte, ihn zu töten.

Eine der zahlreichen Geschichten über Hunde, die sich der Todesgefahr aussetzten, um ein anderes Tier zu retten, handelt von Eldon Bisbee, der mit seinem kleinen französischen Pudel in New York lebte. Eines Nachts brachte ihm ein Taxifahrer einen verletzten Hund. Der Mann war durch ein dichtes Schneegestöber gefahren und musste plötzlich anhalten, da ein Schäferhund mitten auf der Straße stand und sich nicht vom Fleck rührte. Als der Fahrer ihn anrief, trottete er zum Wagenfenster, winselte und lief zu einer Schneebank. Der Taxifahrer stieg aus und fand den verletzten Pudel. Der Schäferhund blickte auf ihn hinunter und wedelte mit dem Schwanz. Nachdem der Kleine im Wagen verstaut war, blickte sich der Mann nach dem Schäferhund um. Er war verschwunden.

Eines Tages behandelte Dr. Sturgill, der selbst einige wunderschöne Hunde besaß, den Hund eines Freundes, der sich an einem Stacheldraht verletzt hatte. Etwa ein Jahr später vernahm der Arzt ein Kratzen an seiner Tür. Als er sie öffnete, stand dort der Hund des Freundes und neben ihm ein Hund mit blutenden Pfoten. Der Arzt versorgte die Wunden, und die beiden trotteten gemeinsam wieder fort.

An einem Sommertag fand man im Ort ein krankes Dickhornschaf aus dem Hochland. Ein Arzt pflegte das Mutterschaf gesund, und es ging zurück in die Berge. Zwei Monate später brachte es sein kränkelndes Neugeborenes zum Haus des Arztes. Da es sein Junges nicht selbst zu heilen vermochte, gab es das Baby in die Obhut dessen, der ihm einst geholfen hatte.

Anhand der neuen Erkenntnisse sehen wir uns gezwungen, unsere Vorstellung von der Natur des Tierreiches zu überdenken. Die alten Modelle haben sich als unzureichend erwiesen. Wie wird es sich auf unser Leben auswirken, wenn wir den anderen Lebensformen größeren Respekt erweisen und alles Leben ehren? Werden die Tage des Jägers gezählt sein und wir nach anderen Proteinquellen Ausschau halten? Wird sich die Tierschutzbewegung ausbreiten? Was bedeutet das Aussterben einer Spezies für uns? Jacques Cousteau drängte uns, dass wir uns um unsere Meere kümmern müssen, ehe sie sterben. Es wird vermutet, dass sich der Tod der Meere auf dem Land fortsetzen wird. Solche Vorstellungen zwingen uns, die Tierwelt besser verstehen zu lernen. Michael Schofield schrieb: „Die Ozeanographen begreifen allmählich, wie wichtig es ist, mehr Kenntnisse über die Kommunikation der Meerestiere untereinander zu gewinnen. Es handelt sich hierbei nicht mehr um eine rein akademische oder wissenschaftliche Angelegenheit. Ebenso wie wir, organisieren die Tiere ihr Gemeinschaftsleben mit Hilfe von Sprache. Ihr Überleben hängt von ihrer Kommunikationsfähigkeit ab. Die Sprache der Fische und anderer Meerestiere mag das schwächste Glied ihrer Lebensgeschichte sein. Geringste Meeresverschmutzungen können jedoch ihre Signale verzerren oder unterbrechen, was sich auf ihre Sozialstruktur verheerend auswirkt. Mit anderen Worten, eine schleichende Umweltverschmutzung kann das Sozialverhalten in einer Weise verändern, dass möglicherweise die nächste Generation verhindert wird."

Karl-Erich Fichtelius und Sverre Sjolander rufen die Menschen zu einem Sinneswandel gegenüber dem Tierreich auf: „Selbst jenen, die die Evolutionslehre intellektuell verstehen, fällt es schwer, wirklich zu begreifen, dass der Mensch nur *ein* Teil der lebendigen Erde ist. Der Mensch muss bis in seine Grundfesten erschüttert werden, um tief in seinem Inneren die Tatsache zu erkennen, dass ihm die Erde nicht gehört. Vielleicht verhilft ihm ein umfangreicheres Wissen über Tiere mit einem ebenso großen Gehirn zu der notwendigen Demut."

Der Gedanke, dass die Erde dem Menschen nicht gehört, bietet erstaunliche Perspektiven. Bislang haben wir geglaubt, dass eine Nation, die ein Land besetzt, es auch besitzt. Abgesehen von gewissen Einschränkungen, die andere Landbesitzer berühren, können die Bürger mit ihrem Land machen, was sie wollen. Es liegt an uns, ob wir dort pflügen, säen, niederbrennen, bewässern oder Gebäude errichten. Allein der Mensch hat das Sagen. Es wird keine andere Lebensform gefragt oder berücksichtigt. Was die Tiere betrifft, werden sie als Arbeitskraft eingesetzt oder dienen der Produktion. Wir sollten uns fragen, ob allein der Mensch das Recht besitzt zu bestimmen, was mit dem Land geschieht. Räumt ihm die Vorstellung, es zu besitzen, ein größeres Recht ein als den anderen Lebewesen, deren Leben von dem Land abhängt? Sind Überleben und Vergnügen des Menschen der einzige Maßstab? Haben Tiere überhaupt irgendwelche Rechte?

Im Laufe der Geschichte hat es sich gezeigt, dass nicht alle Menschen Rechte besaßen. Die Herrschaft beschränkte sich meistens auf Könige, Diktatoren und dergleichen, die sich das Recht nahmen, über andere zu bestimmen. In den meisten Nationen liegt heute noch die Macht in den Händen einiger weniger. Bis vor einigen Jahren besaßen nur Männer das Wahlrecht. Jahrhundertelang gehörten Frauen, Sklaven und in gewissem Sinne auch die Kinder zum Besitz, mit dem ein Herrscher nach Gutdünken verfahren konnte. Diese Position nehmen heute die Tiere ein. Werden die Tierrechte jemals ein Thema sein? Es wird wohl davon abhängen, was wir über die anderen Kreaturen wissen und wo ihr Platz neben uns ist.

Lilly fragt sich, was geschehen wird, wenn der Delphin eine Ebene erreicht, auf der er mit dem Menschen Zwiesprache halten kann. Er vermutet, dass er dann zu einem ethischen, rechtlichen und sozialen Problem werden würde. „Sobald sie die Konversationsmöglichkeiten jedes normalen menschlichen Wesens erreicht haben, sehen wir uns einer großen Schwierigkeit gegenüber. Einige Menschen werden ihre Verwendung bei Experimenten unterbinden wollen, um ihr Leben zu schützen, und darauf bestehen, sie wie Menschen zu behandeln. Sollte die Möglichkeit bestehen, sie in Richtung Mensch zu erziehen, wird sich dies explosionsartig entwickeln." Mancher Leser mag sich fragen, warum den Tieren eine solche Bedeutung beigemessen wird, während zahlreiche

Menschen unter Tyrannei leiden und verhungern. Die Tierwelt zu respektieren, zu achten und zu beschützen, bedeutet nicht, die menschlichen Probleme herabzusetzen oder von ihnen abzulenken.

Selbst wenn unsere Überlegungen allein im Hinblick auf den Menschen erfolgt wären, hätten sie nicht an Dringlichkeit verloren. Es geht nicht nur um das Gleichgewicht in der Natur oder die Bedeutung der Tiere zu Ernährungszwecken, sondern um einen weitaus wesentlicheren Aspekt. Es ist wichtig für uns selbst, wie wir die Tiere behandeln. Wenn wir verstehen, was es bedeutet, dass alles Leben miteinander in Beziehung steht, wird unsere Liebe für und unsere Achtung vor dem Leben einen wesentlichen Baustein bilden. In einer Welt, in der Gefühle und Gedanken Dinge sind, wird sich unsere Ehrfurcht vor allen Lebewesen in unserem eigenen Dasein widerspiegeln.

Auch Tiere
haben eine Seele
Stefano Apuzzo
Monica D´Ambrosio
978-3-89427-470-2
Taschenbuch

Sind unsere vierbeinigen Freunde unsterblich und sehen wir sie im Jenseits wieder? Die Autoren dokumentieren anhand einer Fülle von faszinierenden Beiträgen die geistigen Wirkkräfte in den Seelen der Tiere und ihre Bedeutung für den Menschen. Vor allem aber zeigen sie die Aufgaben des Menschen in der Betreuung jener kleinen Mitgeschöpfe auf, die ihm vom Göttlichen Plan in die Obhut gegeben worden sind. Besonders berührend in diesem bewegenden Werk sind die viele Erfahrungsberichte über die Tiere im Jenseits.

**Tiere – Gefährten
meiner Seele**
Jenny Smedley
978-3-89427-542-6

**Ein Trostbuch für alle,
die einen geliebten Tier-
freund verloren haben**

Jeder, der schon einmal
ein geliebtes Haustier
verloren hat, kennt den
Schmerz und die Lücke,
wenn unsere „jüngeren
Geschwister" in eine
andere Wirklichkeit zu-
rückkehren müssen. Für

alle, die darüber trauern, hat Jenny Smedley ihr wundervolles
Trostbuch geschrieben. Es belegt anhand zahlreicher Beispiele, dass unsere Tiere nicht sterben und sich auflösen, sondern
seelische Wesen sind, die – wie die Menschen – in eine höhere
Welt zurückgehen und dort weiterleben. Manchmal zeigen sie
sich ihren früheren Herrchen und Frauchen, um gleichsam die
Botschaft zu übermitteln: „Seid nicht traurig! Es geht mir gut,
und eines Tages sehen wir uns wieder!" Ein Tierbuch voller
Einfühlsamkeit, großem geistigen Wissen und tiefer Liebe
zu jenen Geschöpfen, die den Menschen so vorbehaltlos ihre
ganze Liebe schenken! Ein Tierbuch, das die Gewissheit vermittelt: Unsere Tiere sind nicht „tot", sie sind nur in ein anderes Reich eingetreten, wo wir sie eines Tages wieder treffen
werden!

Hundegeflüster
Bethanne Elion
978-3-89427-584-6
Paperback

Tiere sind außergewöhn-
liche Geschöpfe – voller
Klugheit und Humor.
Leider verstehen ihre
Herrchen und Frauchen
sie nicht immer so, wie sie
es sich gerne wünschen
würden. Bethanne Elion
möchte dieses Problem ei-
ner Lösung näherbringen
und lässt daher ihre Leser
teilhaben an ihren Erlebnissen. Dieses Buch ist ein beeindru-
ckendes Zeugnis dafür, welche Tiefe der Wahrnehmung unsere
Haustiere besitzen und wie intelligent sie diese zum Wohl ihrer
Menschen einsetzen. Es zeigt sich zudem, dass es natürlich
Unterschiede in den Strukturen des Bewusstseins zwischen
Mensch und Tier gibt, aber in der Essenz der gleiche Lebens-
geist Tiere und Menschen beseelt. Wer zudem achtsam auf die
Botschaft lauscht, die das Tier übermitteln oder durch sein Ver-
halten spiegeln möchte, der vermag als Mensch viel von seinem
Tier zu lernen. Ein herzerfrischendes, heiteres und überaus
kluges Buch über das einzigartige Verhältnis von Mensch und
Hund, von Hund und Mensch!

Auf Tiere hören
– vom Leben lernen

**Wenn Tiere ihren
Körper verlassen**
Petra Kriegel
978-3-89427-391-0

Der Tod eines geliebten
Haustieres ist für viele
Menschen ein häufig sehr
schmerzhaftes Gesche-
hen. Zum einen verlieren
sie einen treuen Freund,
zum anderen fehlt oft
das Wissen, dass auch
Haustiere eine Seele
haben, die in einer ande-
ren Welt weiterlebt. Die
Tier-Heilpraktikerinnen
Sabine Arndt & Petra Kriegel haben einen liebevollen und
überaus einfühlsamen Wegbegleiter verfasst, um den Über-
gang der Tiere in die jenseitige Welt zu erleichtern – für das
Tier und für den Menschen. Dieser wertvolle Ratgeber schil-
dert im Einzelnen die verschiedenen Sterbephasen und welche
Hilfestellungen man den Tieren dabei jeweils geben kann.
Dazu kommen hilfreiche Tipps und Rituale für diejenigen, die
ein Tier während der Loslösung von seiner körperlichen Hülle
begleiten. Ein segensreiches Buch, das auf wunderbare Weise
Trost und Inspiration schenkt!

Sterbebegleitung für Tiere

**Wenn Tiere ihre
Menschen spiegeln**
Rolf Kamphausen
978-3-89427-557-0

Rolf Kamphausen arbei-
tet als Tierarzt in eigener
Praxis. Anfänglich ist er
verblüfft über eine schein-
bar seltsame Parallelität
zwischen den Krankhei-
ten von Tieren und ihren
Besitzern, bis er eines
Tages die Gesetzmäßig-
keit erkennt, dass Tiere ihre Herrchen und Frauchen spiegeln!
Nachdem er den Schlüssel zum Verständnis der geheimnisvollen Verbindung zwischen Mensch und Tier gefunden hat,
erschließen sich ihm Schritt für Schritt die Spiegelgesetze im
Krankheitsverhalten der beiden. Er entdeckt die Geheimnisse der „Organsprache" und vermag so den Tierhaltern eigene
Problemfelder aufzuzeigen, die diesen noch nicht einmal auf-
gefallen waren. Ein weiterer Meilenstein zum Verständnis des
Tierreiches und seiner schicksalhaften Verbindung mit der Welt
der Menschen!

Wie Tiere unsere
Probleme übernehmen